INESPERADA GRAÇA

GARY CHAPMAN & CHRIS FABRY

INESPERADA GRAÇA

DESCUBRA DEUS NA HISTÓRIA DE SUA VIDA

Traduzido por EMIRSON JUSTINO

MC
mundocristão
São Paulo

Publicado originalmente por Northfield Publishing, Chicago, Illinois, EUA.

Os textos das referências bíblicas foram extraídos da *Nova Versão Internacional* (NVI), da Biblica Inc., salvo indicação específica.

Dados Internacionais de Catalogação na Publicação (CIP)
(Câmara Brasileira do Livro, SP, Brasil)

Chapman, Gary
Inesperada graça: descubra Deus na história de sua vida / Gary Chapman & Chris Fabry; traduzido por Emirson Justino. — 1. ed. — São Paulo: Mundo Cristão, 2014.

Título original: Extraordinary Grace: How the Unlikely Lineage of Jesus Reveals God's Amazing Love.

1. Bíblia — História 2. Deus (Cristianismo) 3. Fé 4. Palavra de Deus 5. Teologia I. Fabry, Chris. II. Título.

14-02097 CDD-234.23

Índice para catálogo sistemático:
1. Fé: Busca de Deus: Teologia cristã 234.23
Categoria: Inspiração

Publicado no Brasil com todos os direitos reservados por:
Editora Mundo Cristão
Rua Antônio Carlos Tacconi, 79, São Paulo, SP, Brasil, CEP 04810-020
Telefone: (11) 2127-4147
www.mundocristao.com.br

1ª edição: maio de 2014

A

C. Donald Cole e Naomi Cole,

cheios de graça e verdade.

Sumário

Registro da genealogia de Jesus Cristo, filho de Davi, filho de Abraão

Abraão gerou Isaque;
Isaque gerou Jacó;
Jacó gerou Judá e seus irmãos;
Judá gerou Perez e Zerá, cuja mãe foi Tamar;
Perez gerou Esrom;
Esrom gerou Arão;
Arão gerou Aminadabe;
Aminadabe gerou Naassom;
Naassom gerou Salmom;
Salmom gerou Boaz, cuja mãe foi Raabe;
Boaz gerou Obede, cuja mãe foi Rute;
Obede gerou Jessé;
e Jessé gerou o rei Davi.

Davi gerou Salomão, cuja mãe tinha sido mulher de Urias;
Salomão gerou Roboão;
Roboão gerou Abias;

Abias gerou Asa;
Asa gerou Josafá;
Josafá gerou Jorão;
Jorão gerou Uzias;
Uzias gerou Jotão;
Jotão gerou Acaz;
Acaz gerou Ezequias;
Ezequias gerou Manassés;
Manassés gerou Amom;
Amom gerou Josias;
e Josias gerou Jeconias e seus irmãos,
no tempo do exílio na Babilônia.

Depois do exílio na Babilônia:
Jeconias gerou Salatiel;
Salatiel gerou Zorobabel;
Zorobabel gerou Abiúde;
Abiúde gerou Eliaquim;
Eliaquim gerou Azor;
Azor gerou Sadoque;
Sadoque gerou Aquim;
Aquim gerou Eliúde;
Eliúde gerou Eleazar;
Eleazar gerou Matã;
Matã gerou Jacó;
e Jacó gerou José, marido de Maria,
da qual nasceu Jesus, que é chamado Cristo.

Mateus 1.2-16

Nota do autor

As histórias que você está prestes a ler vêm diretamente da Bíblia. Incentivamos você a lê-las na fonte original. Nossa abordagem neste livro é olhar para a história sob um novo olhar, imaginando as lutas que aquelas pessoas reais enfrentaram. Elas tiveram falhas, fraquezas, pecados e triunfos, assim como acontece a nós. Do mesmo modo que Deus as usou, com todos os seus defeitos, que ele nos use hoje.

Introdução

Você pode escolher muitas coisas na vida, mas sua linhagem não é uma delas. Você não pode escolher seus pais. Ou seus ancestrais. Você está preso àquilo que tem, seja bom, ruim, ou qualquer coisa entre os dois.

Exceto Jesus.

Pondere sobre o seguinte fato: Jesus foi a única pessoa da história que escolheu mãe, pai, avós e avôs, seguindo até o início dos tempos.

Mas quem ele de fato escolheu? Pessoas que obedeceram a Deus e mostraram grande fé? Pessoas sem pecado, perfeitas, que sempre fizeram o que era certo?

Dificilmente. Pessoas assim, é claro, não existem.

O que você sabe sobre sua árvore genealógica? Você pode ter retratos na parede ou álbuns cheios de fotografias desbotadas. Aquelas faces enrugadas representam histórias compartilhadas e passadas adiante. Tradições, mentiras e verdades misturadas e combinadas. Você vê os olhos, reconhece um pouco de si mesmo no sorriso deles, mas a maioria nunca lê nas entrelinhas. A maioria nunca conhece o coração de seus ancestrais.

A Bíblia contém esse tipo de registro da linhagem de Jesus. Homens e mulheres que revelaram sua alma na luta para conhecer Deus e segui-lo em momentos desafiadores. A coisa fascinante em relação a essas histórias é que elas revelam mais do que as fraquezas e os desatinos dos seres humanos. Elas também registram o coração de Deus. A linhagem de Jesus é um revelador da misericórdia, do amor e da longanimidade do Todo-poderoso para com seu povo; para com você.

Esse registro inclui boas notícias para o seu coração: 1) Deus não está irritado com você; 2) Deus quer derramar seu amor e bênção sobre você; 3) Deus quer que você reflita a graça dele aos outros.

É claro que você já ouviu esta notícia antes: graça é a riqueza de Deus à custa de Cristo.

Todo mundo já ouviu falar sobre graça. Mas nem todos a entendem. Nem todos a aceitam. E alguns poucos aprendem a concedê-la. *Você faz isso?*

Você já a recebeu? Está vivendo à luz da graça? Está expressando a graça de Deus aos outros?

Este é um livro perigoso, pois esse conceito é surpreendente, capaz de mudar o coração. É ameaçador ao sistema religioso que deseja manter as pessoas na linha. Essa é uma das razões pelas quais os líderes religiosos foram tão ameaçados por Jesus.

Deus deseja que você perceba sua graça, que a possua e a estenda aos outros. É um processo que irá transformá-lo de dentro para fora. Você foi criado para receber, experimentar e estender esse tipo de amor todos os dias a sua família e seus amigos.

Até mesmo aos seus inimigos.

Esse não é um conceito intelectual para o cérebro ou simplesmente um teorema etéreo, espiritual. A graça não é uma ideia mística impossível de ser compreendida. É um exercício prático e ativo que o ajudará a viver plenamente de coração, em vez de por obrigação ou expectativa.

Como seria sua vida se você *soubesse* com toda a certeza que, em algum lugar lá no fundo, foi perdoado? Aceito? Amado profundamente? Abraçado? E se você soubesse que alguém está olhando para você maravilhado e admirado? E se alguém o visse como um ser perfeito?

Leia de novo. *Perfeito*.

Sem mancha, sem mácula, sem defeito. Nenhuma motivação errada. Nenhum pecado. Perfeito.

Esse "alguém" é o próprio Deus. E é ele quem fornece a graça para transformar a perfeição em realidade.

A maioria dos seguidores de Jesus não vive dessa maneira. Sabemos que não somos perfeitos. Assim, fazemos a compensação cerrando os punhos e tentando agradar a Deus. Por absoluta força de vontade, ficaremos do lado bom de Deus. Em um dia bom, isso dura cerca de meia hora.

Assim, vivemos derrotados. Não aproveitamos a vida porque não podemos ser suficientemente bons. Não podemos agradar a Deus e nunca o faremos, porque ele sempre olhará por cima dos portões do céu com braços cruzados, balançando a cabeça negativamente.

O problema está no abismo que existe entre as exigências de Deus e a nossa capacidade. Apenas uma pessoa conseguiu cruzar o abismo.

A mensagem deste livro é que existe um caminho extraordinariamente melhor. Aqui está: o amor de Deus completamente desnudado. Pendurado numa cruz. Pagando a pena. Oferecendo perdão. Abrindo um novo caminho de liberdade para que você siga por ele. Um caminho onde a misericórdia propõe que você deixe a culpa e a vergonha para trás. Um caminho trilhado com uma mão sobre seu ombro para servir como guia.

Deixe que essa verdade se derrame sobre você. Deus optou por dar a você sua extraordinária, extravagante e excepcional *graça*. John Newton, antigo traficante de escravos, não tinha razão para clamar pelo amor de Deus. Ele o chamou de "maravilhoso". Ele cruza a fronteira do impensável. Não merecemos ser tratados dessa maneira. Mas aqui está. A graça de Deus.

Este é um estudo sobre Deus trabalhando entre pessoas comuns. Nossas viagens nos levarão por uma árvore genealógica altamente disfuncional. Estas não são histórias para desanimar o coração. Apresentaremos sete personagens principais na genealogia de Jesus. Sete pessoas que falharam, caíram ou fizeram péssimas escolhas, mas que Deus usou poderosamente. O fracasso delas não foi definitivo. Seu passado não as excluiu do amor de Deus. O pecado delas não determinou seu destino.

E o seu também não. Não importa o que você fez, onde esteve, que males foram feitos contra você ou que coisas ruins você fez: a graça de Deus e seu amor extravagante estão à disposição.

Deus nos deu a representação perfeita de sua inesperada graça quando enviou a Palavra que tornou-se carne para habitar entre nós. De fato, se você olhar para o ponto focal da história, verá o Criador do universo pregado a duas vigas de madeira, pendurado entre a necessidade incomparável de todo coração humano e o amor infinito de Deus. Aquele homem-Deus amaldiçoado revela a inesperada graça de Deus.

Pai, perdoa-lhes, pois não sabem o que estão fazendo.

Talvez você siga Jesus há anos, mas se sente como uma pessoa sem propósito. Talvez você saiba sobre Jesus, mas não tem ideia do que significa "vida abundante". Talvez você seja cético até mesmo em relação à existência de Deus.

Onde quer que você esteja, seja qual for o seu histórico, estas histórias falam em alto e bom som sobre o incomparável e incrível amor de Deus. Qualquer um que se disponha a abandonar seus esforços para agradar a Deus por meio do próprio empenho pode receber a justiça de Jesus. E, assim que receber essa graça, você começará a viver plenamente mediante o poder dela, beberá desse poço de perdão e estenderá isso a outros.

Ouse acreditar naquilo que Deus diz. Ouse crer. E você verá o que ele fará em e através de você por meio de sua inesperada graça.

PARTE 1

RECEBENDO A GRAÇA DE DEUS

De modo algum compreendo
o mistério da graça — apenas que ela nos
alcança onde estamos e não nos deixa no
lugar onde nos encontrou.

ANNE LAMOTT

CAPÍTULO 1

Ouvindo o chamado da graça

Abrão

A história de Abrão começa antes de ele nascer. Deus estava trabalhando no mundo. Criou tudo o que podemos ver e o que não podemos ver. Criou o primeiro homem e a primeira mulher, e estava ali quando eles optaram pela desobediência. Com peles de animais, ele fez vestimentas para que se cobrissem. A escolha deles teve consequências. Eles foram forçados a sair da presença de Deus.

Quando as pessoas se desviaram grandemente de seu plano, Deus falou com Noé e mandou que construísse um barco. A arca era salvação para Noé e sua família. Os que ficaram de fora pereceram. Os que estavam dentro viveram. E, daquele remanescente, pessoas e animais povoaram a terra. Mas as pessoas continuaram a se desviar de Deus. Acreditavam em si mesmas, não nele, e construíram uma torre para mostrar sua força. Diante disso, Deus confundiu sua linguagem e espalhou todos.

E foi a uma pessoa dentre os povos espalhados que, no momento certo, Deus falou claramente. Deus invadiu o coração de um homem chamado Abrão com palavras fantásticas e promessas inacreditáveis.

Abrão escolheu crer.

Deus disse que abençoaria Abrão, que tornaria seu nome grande e abençoaria o mundo inteiro através de seus descendentes. O trabalho de Abrão era crer. Então, agindo de acordo com essa crença, ele deveria deixar seus parentes e seu país e seguir para um lugar que Deus providenciaria. Crendo, ele partiria e então tomaria posse das promessas de Deus.

Abrão fez as malas e deixou tudo o que conhecia porque Deus lhe dera uma promessa. Estes são os primeiros passos de Abrão. Este é o chamado da graça.[1]

A JORNADA DE MIL quilômetros começa com um único passo. A jornada da graça começa ao se ouvir seu chamado. E a graça está chamando você. Pode soar distante, como o apito de um trem ao longe em meio a uma paisagem desolada, mas a graça está chamando todos os corações. E a graça sobre a qual estamos falando não será impedida. Como John Newton escreveu, "a graça nos levará ao lar".

Sua responsabilidade é dar ouvidos ao seu sussurro. Você precisa estar *disposto a ouvir*.

E isso nos leva a Abraão, conhecido anteriormente como Abrão. Ali estava um homem pronto para o chamado da graça.

Quinze capítulos do livro de Gênesis nos falam sobre a jornada de Abraão, a aliança de Deus com ele, as promessas que Deus lhe fez e como eu e você somos afetados por aquelas promessas hoje. Ele havia se mudado junto com Terá, seu pai, e outros membros da família para um lugar chamado Ur. Estabeleceram uma vida bastante agradável ali. Abrão casou-se com uma mulher chamada Sarai. Ele tirou a sorte grande quanto à beleza de Sarai, o que foi tanto uma bênção quanto uma maldição. A beleza dela o levaria a tomar algumas decisões ruins. Na verdade, o problema não foi a beleza de Sarai, mas sim o medo de Abrão. Mas estamos nos adiantando demais.

Depois da morte de Terá, Abrão recebeu uma mensagem de Deus.

Pare e considere isto. Comunicação direta vinda do Todo-poderoso. Você já desejou uma coisa assim alguma vez? Você já disse: "Se Deus simplesmente me dissesse o que fazer, eu faria com alegria"?

De verdade?

Se Deus resolvesse falar com você neste momento, abrisse as nuvens e sua voz trovejasse, você lhe daria ouvidos? Você obedeceria imediatamente? Ou questionaria? Teria dúvida de que era realmente Deus — pensaria que talvez estivesse sonhando ou que aquilo pudesse ser a pimenta que você comeu no jantar de ontem?

"Poderia me dizer isso mais uma vez, por favor? Deixe-me pegar meu gravador".

Aqui está a verdade. Você não precisa ouvir uma voz de barítono vinda dos céus. Deus já falou — não da maneira como você talvez desejasse, mas por meio da sua Palavra que tornou-se carne, das Escrituras, da vida de pessoas que creram por todos os séculos. A pergunta não é se Deus irá falar. Ele já falou. A pergunta é: Você está disposto a ouvir? Você irá *escutar*?

Abrão estava disposto. Veja o que Deus disse:

> "Saia da sua terra, do meio dos seus parentes e da casa de seu pai, e vá para a terra que eu lhe mostrarei."
>
> Gênesis 12.1

Isso é bastante direto. Deixe tudo o que você conhece, as pessoas que falam o seu idioma, seus costumes, os parentes que ajudam a criar seus filhos — simplesmente junte e empacote suas coisas, e saia. Coloque seu futuro, sua família, sua fortuna e sua vida como a conhece completamente em minhas mãos.

Ah, a propósito, não vou lhe dizer aonde você deve ir. Você não vai ficar sabendo qual é o destino específico. Pode ser um lugar maravilhoso; pode ser um deserto. Você tem apenas um dever: confiar em mim. Você não receberá um cartão-postal do seu destino final. Mas não importa para onde eu o envie, não importa para onde você vai: você tem a mim. E esse processo de partir começará a mudá-lo por dentro. Você será forçado a colocar firmemente sua afeição em mim, não em um objeto, em um destino, em um sentimento, nem mesmo no conhecimento da minha vontade. Não se trata de você encontrar um anel decodificador ou ler nas entrelinhas daquilo que estou dizendo, nem de separar cada quinta letra da mensagem secreta. Não quero que você confie em sua santidade, em algum ídolo que você moldou com as próprias mãos ou em algo que você pode evocar em sua mente. Você deve querer a mim e a nenhum outro. Ponto final. Isso é fé. E aqueles que colocam sua fé em mim recebem inesperada graça.

Nesse ponto da história, não nos é dito nada sobre a resposta de Abrão à voz de Deus. Podemos presumir que ele ficou um tanto chocado ao receber tal comunicação, pois em toda a Bíblia há uma boa quantidade de temor, tremor e quedas ao chão quando anjos ou o próprio Deus falam. Isso é um pouco inquietante.

Mas esse não foi o fim do comunicado celestial. Deus prosseguiu e apresentou a segunda metade de sua mensagem. É aqui que tudo fica realmente bom.

> "Farei de você um grande povo, e o abençoarei. Tornarei famoso o seu nome, e você será uma bênção. Abençoarei os que o abençoarem e amaldiçoarei os que o amaldiçoarem; e por meio de você todos os povos da terra serão abençoados."
>
> Gênesis 12.2-3

Uau! Vamos processar a mensagem. Você precisa se mudar. Agora. Vou levar você a uma terra que escolhi. E, no meio de tudo isso, farei coisas extraordinárias em você e por meio de você. Você será abençoado e abençoará outros. (O que significa que a sua vida e a daqueles que vierem depois de você serão completamente diferentes por causa da sua obediência.) Aqueles que cruzarem o seu caminho estarão no meu caminho. Em outras palavras, estou com você, Abrão. Nós dois formamos uma equipe. E eu, Javé, o Senhor, sou aquele que está fazendo isso. Você me obedece. Siga-me. Essa é a sua parte neste plano.

Respire fundo.

Certo, você entendeu tudo isso? Deus está ao lado de Abrão. Francamente, fico com um pouco de ciúmes. (Penso em como seria ótimo ouvir Deus diretamente.) Entendo que Deus está direcionando Abrão, dizendo-lhe o que fazer, aonde ir e que o fim dessa história será grande bênção para ele e aqueles que vierem depois dele. Ainda hoje, milhares de anos depois, falamos sobre Abrão, de modo que está claro que Deus estava certo. Aquele homem foi abençoado de maneira abundante e maravilhosa.

Mas espere. Pense na pergunta por trás da história, escondida sob a superfície das promessas e das bênçãos.

Por quê? Por que Abrão? Por que Deus lhe deu o privilégio de ouvir essa instrução? Por que ele escolheu abençoar Abrão e todos os seus descendentes? Por que Deus estava até mesmo pensando naquele homem? "Que é o homem, para que com ele te importes?", escreveria mais tarde um descendente de Abrão em Salmos 8.4.

A resposta não é que Abrão era aquela pessoa especial que Deus sabia que o seguiria perfeitamente, porque ele não era. Ele cometeu erros. Muitos erros. Ele era falho, falível, e nem mesmo é um exemplo para as crianças da escola dominical que você quer ensinar a serem honestas. De fato, todos os ancestrais de Jesus eram de tipo e modelo semelhantes. Eles cometeram milhares de erros diferentes na vida.

Deus escolheu Abrão porque ele era rico e Deus precisava de um rebanho muito grande? Não, ele é dono de tudo. Ele não precisava da riqueza ou da mulher bonita de Abrão. A única qualidade que Deus buscava em Abrão é a mesma que deseja encontrar em você: disponibilidade. E, se você não estiver disponível, ele usará pedras ou mulas.

Por que Deus escolheu Abrão?

A resposta só pode ser encontrada na misteriosa graça de Deus. Seu favor imerecido e ilimitado foi derramado sobre aquele homem. Inesperada graça.

É digno de nota que Abrão obedeceu, fez as malas e, aos 75 anos de idade, deu início a uma jornada que começou ao ouvir Deus. Ele ouviu e seguiu. Sua crença afetou suas ações, e ele recebeu crédito por sua fé.

Mas você acha que Abrão teve dificuldades? Enquanto carregavam a mudança (imagine como foi a sua venda de garagem!) e se despediam daqueles que ficavam para trás, você acha que houve perguntas? Houve conversas na tenda à noite com Sarai?

"Vamos conversar de novo sobre isso. Diga-me o que ele disse. Você está certo disso, Abrão?"

Talvez Sarai tenha ouvido a mensagem a distância. Talvez tivesse tamanha confiança em Abrão que simplesmente virou-se e começou a empacotar tudo sem questionamento.

Ouvir o chamado da graça força-o a decidir. Seguir ou ficar? (E a indecisão é uma decisão.) Mas qualquer dificuldade como essa leva a questionamentos, a mais perguntas do que você tinha antes de Deus falar. Deus complicará sua vida quando lhe sussurrar a graça, algo que parece ir contra a intuição. Ouvir Deus deveria facilitar as coisas. Agora você sabe o que fazer. No caso de Abrão, ele sabia especificamente como responder. Mas a voz de Deus fará um chamado tão radical em sua vida que o forçará a lutar consigo mesmo, com as pessoas a quem você ama e com as suas coisas.

Os seguidores de Jesus tiveram a mesma experiência. Ele trouxe muito mais perguntas porque eles perceberam que o chamado de Jesus para a vida deles não era superficial, mas profundo. Jesus não queria que eles simplesmente aderissem a uma lista de regras e regulamentos como os líderes religiosos de sua época. Ele não queria devoções diárias e comparecimento a um serviço religioso semanal. Ele não queria tornar seus seguidores melhores. Ele queria transformá-los através do processo da graça — o mesmo processo que Abrão descobriu ao ouvir a voz de Deus.

Em seguida, o chamado da graça se tornará a sementeira da fé. Os questionamentos são bons, pois a pessoa com perguntas deve aprender a confiar não em si mesma, mas no poder e na direção de Deus.

"Confie no SENHOR de todo o seu coração e não se apoie em seu próprio entendimento. Reconheça o SENHOR em todos os seus caminhos, e ele endireitará as suas veredas" (Pv 3.5-6).

Abrão viveu esse provérbio. Abrão incorporou essas palavras. E outro de seus descendentes as escreveria. Outro homem na linhagem de Jesus. Outro ser humano falho que foi graciosamente usado por Deus.

A graça arrancará você pela raiz. A graça irá relocar seu coração. A graça o levará para tão longe na direção de Deus que, no final, você não se importará com o preço do caminhão de mudança. De fato, você irá talvez querer deixar algumas dessas coisas para trás porque lhe serão muito pesadas. A graça libera e lança uma visão para sua vida que você jamais poderia prever. A graça muda você; é uma transfusão santa que lhe dá o poder e a capacidade de passar a mesma graça a outros, pois você só pode dar aquilo que possui.

Abrão ouviu. Abrão respondeu. Ele creu. Não perfeitamente. Não sem tentar assumir o controle, algo sobre o que vamos falar adiante.

Você está pronto para esse tipo de graça? Gostaria de transformação, em vez de uma reforma limitada? Preste atenção ao sussurro da graça na sua vida. Deus está atraindo você para uma jornada de mil quilômetros do coração.

CAPÍTULO 2

RINDO POR CAUSA DA GRAÇA

Abraão

Abrão ouviu o chamado da graça e creu. Em seguida, agiu. Pegou sua mulher, sua família e suas posses e seguiu para Canaã. "Já chegamos?" era a pergunta contínua de seu coração.

Deus confirmou sua promessa junto a um carvalho em Moré. A sua "descendência" herdaria aquela terra.

Mas (e sempre houve um "mas" na vida de Abrão) houve fome na terra e Abrão viajou para o Egito. A beleza de sua esposa e o medo em seu coração tomaram conta dele. Ele contou aos egípcios uma meia-verdade, afirmando que sua esposa era sua irmã. Sarai foi levada para o palácio do faraó, e Deus assolou a casa dele com doenças.

O faraó confrontou Abrão e perguntou por que ele não disse a verdade plena. Abrão aprendeu a lição. Não minta sobre sua esposa. Não tente controlar a situação porque você está com medo. Deus cuidará de você.

Então, voltou para a estrada. Sua riqueza e seus bens aumentaram. Mas não havia nenhum herdeiro, nenhum filho da promessa.

Anos mais tarde, como se Deus não soubesse, Abrão informou ao Todo-poderoso que ele não havia cumprido sua parte no acordo. Deus falou mais uma vez e disse a Abrão que ele teria um filho. A verdade é que ele não conseguiria contar o número de pessoas que surgiriam de sua linhagem.

Abrão creu em Deus.

Então Abrão ouviu a voz de sua esposa. O medo surgiu novamente. Sarai sugeriu que Hagar, sua criada, fosse a substituta da promessa de Deus. Abrão dormiu com Hagar, e Ismael foi concebido.

Tal como um bem-me-quer no campo, Abrão cria, Abrão não cria. Ele acredita e, logo em seguida, assume o controle.

Bem mais tarde, Abrão, que teve o nome trocado para Abraão (pai de muitos) pelo próprio Deus, teve outra chance de confiar em Deus. Ele se mudou para uma área onde Abimeleque governava e ali, mais uma vez, declarou que sua esposa era sua irmã. Deus advertiu o rei, e Abimeleque ficou furioso com Abraão.

O padrão estava estabelecido. Abraão mudou-se por sua crença e confiança em Deus e, então, tornou-se fraco e caiu. Mas a graça de Deus fez nascer o filho prometido, a despeito do fracasso de Abraão. Isso é a graça de Deus em ação.[2]

VOCÊ TEM 75 ANOS e está começando tudo de novo. Tem 75 anos e está arrumando o próprio caminhão de mudança, assim como Noé construiu a arca. Tem 75 anos, não tem filhos, e lhe é dito que você se tornará uma grande nação.

Você terá uma grande descendência, Abrão. Um desses descendentes, lá na frente de sua linhagem, será o Messias prometido, o cumprimento do plano de Deus colocado em ação antes do início da criação.

Que promessa! Que futuro!

Mas existe um problema. Você tem 75 anos de idade! E não tem filhos! Sua esposa — bem, ela é linda, mas estéril. Você não vê nenhuma criança e faz perguntas. Como pode ser isso? Como isso irá acontecer?

Não temos nenhum registro de Abrão dizendo "sim, mas...". Lemos que Abrão arrumou suas coisas, chamou os parentes e saiu. Ele acreditou e agiu de acordo com essa crença. Ele mostrou fé, uma obra da graça que começou com a mensagem de Deus. Ele *acreditou* naquilo que Deus dissera.

Ouvir é o primeiro passo de fé. Crer é o segundo passo. Agir de acordo com aquela crença, mover-se, é o terceiro.

Quando ele e sua família alcançaram o carvalho de Moré, em Siquém, Deus falou novamente. Quer saber a que distância ele estava? A cerca de seiscentos quilômetros. E ele não tinha GPS nem uma *app* em seu celular. É uma distância um pouco maior que a viagem entre São Paulo e Florianópolis. Ou entre Belo Horizonte e Brasília. E não havia lanchonete à vista. Também não havia estradas pavimentadas.

É uma longa distância a cobrir a pé. É um compromisso enorme. Muitos passos de fé. Mas lembre-se: Abrão não sabia quão longe iria nem quanto tempo o percurso levaria. Tinha unicamente a palavra de Deus, as promessas dele.

Assim, chegou a uma árvore perto de Moré. Deus criou um jardim com uma árvore e criou o primeiro homem e a primeira mulher. Agora, ele encontra Abrão junto a uma árvore, um sinal e um símbolo de crescimento, beleza e vida. Já existem muitas pessoas vivendo naquela área fértil, mas Deus aparece a Abrão e diz: "À sua descendência darei esta terra" (Gn 12.7).

Isso deve ter feito Abrão pelo menos erguer a cabeça, totalmente surpreso. Ele provavelmente viu os cananeus na terra, as crianças cananeias correndo pelas colinas, e ponderou sobre como aquilo se tornaria realidade, uma vez que estava com 75 anos e sua esposa era estéril.

Será que Deus estava falando de maneira metafórica? Talvez Deus estivesse na verdade dizendo "à descendência de outro...".

Não, a promessa foi clara. Abrão teria uma descendência. Filhos. Deus não estava apenas prometendo algo a Abrão. Estava prometendo algo a pessoas que ainda não existiam. Graça ao não nascido. Graça à árvore genealógica de Abrão.

Por extensão, graça a você e a mim.

Abrão construiu ali um altar a Deus e se mudou novamente, construiu outro altar e continuou na direção que Deus o conduzia, rumo ao Neguebe.

E, aqui, a história fica nebulosa. Por causa de uma fome, Abrão vai para o Egito e, assim que cruza a fronteira, como um viajante sem documentação, o medo de Abrão cresce.

"Bem sei que você é bonita", disse ele a Sarai (Gn 12.11).

Maridos, essa é uma boa maneira de começar uma conversa com sua esposa. Destacar sua beleza é algo bom.

Chamo isso de "palavras de afirmação". Mas os resultados das ações de Abrão que se seguiram foram desastrosos.

"Quando os egípcios a virem", continuou Abrão, "dirão: 'Esta é a mulher dele'. E me matarão, mas deixarão você viva. Diga que é minha irmã, para que me tratem bem por amor a você e minha vida seja poupada por sua causa" (Gn 12.11-13).

Abrão estava certo quanto à beleza de Sarai e a reação dos egípcios, porque, quando os oficiais do faraó a viram, contaram ao seu líder, e Sarai foi despachada para o palácio. Ela devia ser linda. Abrão se deu bem nesse arranjo, recebendo animais e escravos. Mas as coisas começaram a desandar na casa do faraó logo depois, porque Deus infligiu doenças aos egípcios. O faraó não era bobo; ele juntou as coisas e confrontou Abrão sobre sua mentira, e o homem não tinha desculpas a dar.

Ao que parece, a longa viagem não apertou o botão de pânico de Abrão. Mas a questão dos egípcios, sim. O medo de Abrão fez com que ele agisse com base em sua capacidade de negociar e fazer acertos. E isso custou um preço a ele e aos que estavam ao seu redor. Pense no que isso deve ter causado ao relacionamento dele com Sarai. Ela viu sua fraqueza patente. Não há dúvida de que Ló, sobrinho de Abrão, também observou suas ações.

O problema não foi o medo de Abrão. O medo foi uma reação natural àquela situação. Em vez de confiar em Deus, porém, Abrão confiou em si mesmo.

Vamos avançar bem na vida de Abrão. Deus lhe aparece numa visão. Ele o repreende por mentir em relação a sua esposa? Preste atenção às palavras de Deus: "Não tenha medo, Abrão! Eu sou o seu escudo; grande será a sua recompensa!" (Gn 15.1).

A graça de Deus atenderá à sua mais profunda necessidade. A graça de Deus avaliará a sua fraqueza e o ajudará. Para Abrão, seu medo era incapacitante. Seu medo o controlava. Portanto, faz sentido que sua reação fosse assumir o controle da situação e tentar imaginar uma saída.

Você já passou por isso? Alguma vez deixou que as circunstâncias esmagassem sua confiança em Deus?

Perceba a resposta de Abrão. Esta é a primeira vez que suas palavras são registradas numa conversa com Deus.

"Ó Soberano SENHOR, que me darás, se continuo sem filhos e o herdeiro do que possuo é Eliézer de Damasco? [...] Tu não me deste filho algum! Um servo da minha casa será o meu herdeiro!" (Gn 15.2-4).

Palmas para Abrão pela honestidade — mas o fato é que ele está preocupado. Está agindo por vista, não por fé. Está tentando solucionar as coisas. *Senhor, tu disseste alguma coisa lá atrás sobre descendentes, mas acho que esqueceste de que preciso de um filho.* Abrão agora permite que seu medo o transfira da gerência da situação para a gerência dos negócios de Deus.

Mais uma vez, você já passou por isso? Já tentou manipular as circunstâncias? Tentou ajudar Deus a permanecer dentro dos prazos que você estabeleceu? Se já fez isso, então está sabotando a obra que ele quer realizar, uma obra de graça.

Da perspectiva de Abrão, ele está apenas lembrando Deus da promessa que ele fizera em relação ao bebê, a descendência. Estava ajudando Deus a permanecer no rumo.

> Então o Senhor deu-lhe a seguinte resposta: "Seu herdeiro não será esse. Um filho gerado por você mesmo será o seu herdeiro". Levando-o para fora da tenda, disse-lhe: "Olhe para o céu e conte as estrelas, se é que pode contá-las". E prosseguiu: "Assim será a sua descendência" .
>
> Gênesis 15.4-5

Você não adora a maneira como Deus responde a esse homem inseguro? Ele poderia ter usado outro palavreado, rebanhos, crianças cananeias, mas, em vez disso, ele mostra a Abrão as estrelas que ele mesmo criou, em número muito grande para que possam ser contadas — e estrelas além de estrelas que Abrão nem mesmo podia enxergar.

Em sua infinita misericórdia, Deus chama Abrão de lado e deixa as coisas o mais claras possível, sem uma lição de biologia. Você, Abrão, terá um filho. Isso não é repreensão, mas bondade. Uma resposta misericordiosa e cheia de graça.

Sei que você está com medo. Sei que não entende. Deixe-me dizer-lhe novamente. Ouça com atenção. Você terá um filho, ele terá filhos, que por sua vez terão filhos; você não vai acreditar no poder exponencial que está em ação aqui.

A maravilhosa graça de Deus em ação.

Aqui está o aspecto fascinante e confirmador de fé da história. Está escrito que "Abrão creu no Senhor, e isso lhe foi creditado como justiça" (Gn 15.6).

A graça está pronta para dissipar o seu medo. A graça está pronta para dissipar a sua dúvida. Se ouvir a voz de Deus e escutar o seu chamado, você crerá, e essa crença será creditada a você. Algo que Deus está fazendo em você será creditado na sua conta.

Não perca isso. Essa é a mesma mensagem de graça que Jesus nos traz. O que é estendido a Abrão é a mesma graça que recebemos na pessoa de Cristo.

Não há garantia de que você não recue e que seu medo não volte, porque foi exatamente isso o que aconteceu. Dessa vez, Sarai vai até Abrão e acha que tem uma saída. Se Abrão dormir com sua serva, Hagar, talvez isso produza um filho.

Nas entrelinhas, podemos ver o crescimento do medo de Sarai. Talvez ela achasse que era insuficiente para a tarefa. Talvez sentisse que a culpa por não haver nenhum herdeiro fosse dela. É ela quem está retendo a promessa de Deus.

Essa era a oportunidade perfeita para Abrão assumir a liderança. Ele poderia ter dito: "Sarai, já cometi esse erro antes, cedendo ao meu medo, mas não vou fazer isso. Vou crer que Deus é capaz de produzir um filho por meio da nossa união".

Abrão não diz isso. Em vez de usar a oportunidade para ser forte e confirmar o plano de Deus e aquilo que lhe fora dito (duas vezes), ele se deita com Hagar. Ele está com 85 anos e não tem filho, até que se torna pai de Ismael. Isso desencadeia uma série de consequências de longa duração.

Quatorze anos depois, quando Abrão está com 99 anos, Deus reafirma aquilo que disse e reforça a mensagem com a mudança de seu nome para Abraão, o pai de muitas nações. Também dá a Sarai um nome novo, Sara, e ao filho que está por nascer, o nome Isaque.

A graça de Deus. A extraordinária e poderosa graça de Deus que chama vida da morte. Que traz filhos de ventres atrofiados muito depois dos anos de fertilidade. E dá força para criar um filho.

Abraão por fim mudou-se para o território de Abimeleque e, embora estivesse temeroso, dessa vez não cedeu, mas levantou-se destemidamente por si mesmo e... ai, ai. Desculpe-me. Mais uma vez, Abraão mentiu sobre Sara, e o ciclo se repetiu. Novo nome, velho medo. E o medo deu lugar ao pecado, e o pecado tem consequências para todos.

Gênesis 21 revela o cumprimento da promessa de Deus.

> O Senhor foi bondoso com Sara, como lhe dissera, e fez por ela o que prometera. Sara engravidou e deu um filho a Abraão em sua velhice, na época fixada por Deus em sua promessa. Abraão deu o nome de Isaque ao filho que Sara lhe dera. Quando seu filho Isaque tinha oito dias de vida, Abraão o circuncidou, conforme Deus lhe havia ordenado. Estava ele com cem anos de idade quando lhe nasceu Isaque, seu filho. E Sara disse: "Deus me encheu de riso, e todos os que souberem disso rirão comigo". E acrescentou: "Quem diria a

> Abraão que Sara amamentaria filhos? Contudo eu lhe dei um filho em sua velhice!".
>
> Gênesis 21.1-7

O medo leva ao pecado. A graça de Deus leva à bênção. O medo provoca dor e sofrimento. A graça gera riso.

Pense na imagem daquela mulher velha com um recém-nascido, o olhar na face dela, o olhar no rosto de Abraão. O rosto de pessoas surpresas que simplesmente não conseguiam crer naquilo que estavam vendo. Tudo por causa da graça. Tudo por causa da promessa de Deus.

A graça recebida mudará você. Ela transforma a sua aparência. Ela sobrepuja o medo, não importa quantas vezes sejam necessárias para aprender a lição. A graça de Deus traz bênção a você e àqueles que o cercam. A graça de Deus traz riso e alegria, assim como vida da morte.

O PROMETIDO, que veio pela linhagem de Abraão, por meio do rei Davi — Jesus, a Palavra que tornou-se carne — veio a nós "cheio de graça e de verdade" (Jo 1.14). No evangelho de Mateus, escrito para leitores judeus, o autor certificou-se de que todos entendessem a árvore genealógica singular de Jesus. A linhagem do Messias tinha de passar pelo rei Davi. Mas Mateus mostra aos seus leitores a conexão que se estende ao longo do caminho até a promessa da bênção que Deus fizera a Abraão.

Numa cena dramática junto a líderes religiosos, registrada em João 8, Jesus confronta aqueles mestres que estão estranhando a mensagem dele. Eles não entendem a obra de Deus, a pessoa de Deus, ou a graça de Deus.

Jesus diz: "Se vocês permanecerem firmes na minha palavra, verdadeiramente serão meus discípulos. E conhecerão a verdade, e a verdade os libertará" (Jo 8.31-32).

"Somos descendentes de Abraão", disseram eles, "e nunca fomos escravos de ninguém. Como você pode dizer que seremos livres?" (v. 33).

Jesus estava lhes oferecendo um caminho diferente, uma compreensão diferente de Deus. A vida deles estava cheia de pecado, mas eles não conseguiam ver. Temiam o ensinamento de Jesus porque ele atacava a fé que eles tinham, segundo a qual apenas os que seguiam as regras é que poderiam ser chamados de filhos de Deus. Eles tinham uma justiça baseada nas próprias obras, o que não agradava a Deus.

Jesus respondeu dizendo:

> "Digo-lhes a verdade: Todo aquele que vive pecando é escravo do pecado. O escravo não tem lugar permanente na família, mas o filho pertence a ela para sempre. Portanto, se o Filho os libertar, vocês de fato serão livres. Eu sei que vocês são descendentes de Abraão. Contudo, estão procurando matar-me, porque em vocês não há lugar para a minha palavra. Eu lhes estou dizendo o que vi na presença do Pai, e vocês fazem o que ouviram do pai de vocês".
>
> João 8.34-38

A espiral da conversa se volta para baixo neste ponto, pois Jesus está dizendo que o pai deles não era nem Abraão nem Deus, mas o Diabo. Você consegue ouvir o orgulho ferido dos líderes. É ofensivo — até mesmo blasfemo. Jesus não está apenas acusando-os de serem pecadores; está dizendo que eles estão sabotando a obra de Deus, rejeitando a verdade e a graça de Deus. Eles não percebem que o homem com quem estão falando criou Abraão, criou o universo.

Jesus os coloca em seu lugar e, por fim, diz:

> "Abraão, pai de vocês, regozijou-se porque veria o meu dia; ele o viu e alegrou-se".
>
> Disseram-lhe os judeus: "Você ainda não tem cinquenta anos, e viu Abraão?".
>
> Respondeu Jesus: "Eu lhes afirmo que antes de Abraão nascer, Eu Sou!" Então eles apanharam pedras para apedrejá-lo, mas Jesus escondeu-se e saiu do templo.
>
> João 8.56-58

Abraão recebeu a promessa de um herdeiro, Isaque, mas também houve a promessa de outro que cuidaria do nosso pecado. Sem o sacrifício de Jesus, não teríamos esperança. Mas por causa da graça de Deus, somos livres e não estamos mais amarrados pelo pecado.

A graça de Deus chamou Abrão, sustentou Abraão e lhe deu o que fora prometido. Você está com 99 anos e segura seu filho nos braços. Graça recoberta de pele. Graça maravilhosa e extraordinária.

CAPÍTULO 3

O CAMINHO DA DESGRAÇA, OU LIÇÕES DE UMA PROSTITUTA

Raabe

Raabe pertencia ao povo dos amorreus, e sua vida não era bela. Ela era prostituta. Isso não nos é ocultado. Ela se entregava a homens em troca de pagamento. Sua casa era construída junto ao muro da cidade de Jericó e era um lugar popular para homens.

Dois homens do acampamento israelita visitaram sua casa. Eles foram enviados por seu líder, Josué, para espiar Jericó e trazer informações. O rei da cidade ouviu falar sobre os visitantes indesejados e enviou uma mensagem a Raabe para que entregasse os espiões. Em vez de obedecer, Raabe escondeu os dois homens e mentiu para as autoridades, mandando-os procurar homens que não haviam fugido.

Raabe foi ao telhado onde os homens estavam escondidos e teve uma conversa com eles. Revelou o que sabia sobre os israelitas, o que sabia sobre Deus, como ele havia trabalhado em favor deles e sobre quanto temor havia na terra por causa deles. "Pois o SENHOR*, o seu Deus, é Deus em cima nos céus e embaixo na terra" (Js 2.11).*

Raabe fez um acordo com os espias para preservar a própria vida, assim como a de seu pai, de sua família e de seus outros familiares. Ela pediu que a vida deles fosse poupada, e os espiões concordaram em tratar tanto a ela quanto a sua família com bondade e fidelidade. Ela precisava colocar um cordão vermelho em sua janela e, quando o cerco começasse, reunir sua família na casa.

Ela ajudou os espiões a escapar, e eles deram o relatório a Josué. O líder de Israel sabia que Deus estava confirmando que a terra era deles. Assim que os israelitas cruzaram o rio Jordão com a arca da aliança, Jericó fechou seus portões. Por seis dias os israelitas circundaram a cidade. Então, no sétimo dia, miraculosamente, os muros de Jericó caíram, e Raabe e sua família foram os únicos salvos da destruição.

Essa prostituta, essa mulher pecadora e estrangeira, é citada na árvore genealógica do Messias.[3]

ELA ESTÁ NA CASA dos 30, talvez 40 anos. Ama sua família. Mas alguma coisa está faltando. Alguma coisa está se remexendo lá no fundo. Existe um buraco em sua alma que ninguém pode preencher. Nem mesmo Deus.

Pelo menos é isso o que ela pensa.

Ela vem ao meu gabinete de aconselhamento com um sorriso triste, revelando que não se sente à vontade. Ela não deveria estar aqui. Por que agitar coisas que já estão estabelecidas? As pessoas não vêm ao meu gabinete para bater papo. Vêm porque estão desesperadas. Não têm respostas. Não têm esperança.

Vou chamá-la de Julie. O problema dela é seu passado. Está borbulhando de novo, e ela não consegue segurar a maré. Não consegue conciliar o que sabe ser verdadeiro sobre si mesma com o que sabe sobre Deus. Ela se sente suja e envergonhada.

Julie e Raabe têm muita coisa em comum. Raabe tinha um passado. Não era uma história agradável. Quando a encontramos no livro de Josué, ela tem um presente desagradável. Tinha pouca esperança de futuro. Era uma candidata importante para o julgamento de Deus. Ela não era um de seus "escolhidos" ou "benditos", pois fazia parte do povo amorreu. E era prostituta. Dois golpes contra ela. Não tinha nenhuma chance contra os israelitas que se encaminhavam à terra prometida. Ela vivia numa cidade prestes a ser reduzida a escombros, e todos temiam o pior.

Lembra-se dos cananeus dos dias de Abraão? Eram as pessoas que viviam na terra e que, sem dúvida, haviam enchido o lugar de filhos. E lá estava Abraão, sem filho algum. Mas Deus fizera uma promessa a Abraão de que lhe daria aquela terra e também herdeiros. Agora, a família estava de volta com toda a força. A promessa era verdadeira. E, apesar de parecer que o julgamento estava bem próximo, Graça estava chegando em Jericó.

Se você fizesse uma fila de possíveis pessoas de Jericó a serem poupadas, nenhum israelita teria votado em Raabe. Ela não era uma pessoa que se desejasse salvar.

E Jericó era uma cidade tomada pelo medo. (Lembra-se do que o medo levou Abraão a fazer?) As pessoas de Jericó tinham ouvido falar daquele bando, de como haviam cruzado o rio Jordão a pé enxuto. Deus estava fazendo milagres, um atrás do outro, liderando-os, conduzindo-os e preparando o caminho. E a cidade de Jericó estava apavorada. Todas aquelas pessoas "perderam a coragem".

Raabe sabia *sobre* Deus, mas não o *conhecia*. Ela não entendia que ele é um Deus de graça. Mesmo naquela época, período em que conquistadores destruíam tudo o que conquistavam, a graça de Deus era evidente. Ela negociou com os espiões e lhes disse que o Deus deles era o Deus supremo.

> "Jurem-me pelo SENHOR que, assim como eu fui bondosa com vocês, vocês também serão bondosos com a minha família. Deem-me um sinal seguro de que pouparão a vida de meu pai e de minha mãe, de meus irmãos e de minhas irmãs, e de tudo o que lhes pertence. Livrem-nos da morte".
>
> Josué 2.12-13

Os dois espiões enviados à cidade fizeram um acordo com Raabe para a segurança dela e de sua família. Mas ela não tinha ideia de que estava prestes a receber muito mais do que segurança. Mais do que apenas sua vida. A graça de Deus tinha um plano. A graça de Deus tinha um futuro e uma esperança para ela.

As pessoas hoje enfrentam esse mesmo medo e incompreensão. Algumas foram feridas pelas pessoas da igreja. Algumas sofrem de feridas infligidas a si próprias. Elas acreditam que Deus quer apenas punir. Elas não entendem o amor de Deus. Também creem que as coisas serão sempre do mesmo jeito que são hoje.

Veja a vida de Raabe. Foi um enorme desapontamento. Quando criança, ela sem dúvida tinha aquele Sonho de Jericó, a cerca branca de madeira, um marido bonito e 2 filhos. E uma cabra própria. Seja qual tenha sido o sonho, as coisas não deram certo. Ela se tornou prostituta, o que, naquela época e cultura, significava... bem, que ela era uma prostituta.

Não há maneira simpática de dizer isso. Ela recebia homens em sua casa e prestava um serviço mediante pagamento. Dinheiro. Talvez trocasse por comida, um animal ou utensílios. O que Deus havia planejado como uma expressão de amor entre marido e esposa e um meio de gerar filhos era simplesmente seu trabalho noturno. Outra tarefa em sua vida miserável.

Todo dia era um exercício de futilidade, fazendo tarefas pela casa para sua família, preparando comida, buscando água, um pôr do sol se juntando a outro nascer do sol e começando tudo outra vez.

Ela conhecia o desejo dos homens, mas não conhecia o desejo de Deus. Será que havia algo no fundo do seu coração que dissesse que ela poderia ter mais do que aquilo? Haveria uma fagulha que lhe desse a esperança de que também poderia seguir aquela coluna de fogo e aquela nuvem que abria mares e dizimava cidades muradas? Houve algum evento particularmente devastador em sua vida que precedeu a estada dos homens de Israel em sua cidade e o fato de eles encontrarem a casa dela encostada no muro?

Não conhecemos todos os detalhes anteriores na vida de Raabe, ou as circunstâncias em que ela se encontrava quando os espiões chegaram, mas de fato sabemos que esse é o tipo de coisa que Deus adora fazer. Ele gosta de entrar de mansinho na cidade e conversar com aqueles que estão nas bordas. Ele gosta de fazer-se conhecido àqueles que *sabem* que não merecem seu favor. Lemos em Provérbios 25.2: "A glória de Deus é ocultar certas coisas". Ele é um Deus estranho, pois escolhe pessoas que não escolheríamos. Ele anda com pecadores. Ele mostra seu amor às pessoas mais improváveis, nas circunstâncias mais improváveis.

Pessoas como Raabe.

"A prostituta chamada Raabe." Pode-se ouvir o desdém ecoando pelos séculos. Ela está catalogada — marcada como uma mulher da vida. Colocada numa categoria e dispensada. Rotulada para manter sua humanidade e dignidade longe da nossa. Ela é definida por aquilo que tem feito, como uma leprosa, uma pessoa impura. Um menino pastor de ovelhas julgado como indigno de consideração. Ou o filho de um carpinteiro.

"Nazaré? Pode vir alguma coisa boa de lá?" (Jo 1.46).

PENSE NAS MANEIRAS como fazemos isso hoje. As pessoas o discriminam por ser cristão. Se você acredita que Deus criou tudo, então deve ser um bronco, um ingênuo, um obscurantista. Você é ignorante e não é bem-vindo no ambiente das ideias, onde sua voz é desesperadamente necessária.

Infelizmente, os cristãos também têm sua culpa. Nós rotulamos, segmentamos e categorizamos e, ao fazê-lo, excluímos, julgamos e afastamos para longe de nós as pessoas que precisam da graça de Deus. Um vizinho colou um adesivo no carro em favor de um candidato que não apoiamos e, assim, nós o eliminamos. Uma criança da vizinhança exibe um comportamento repugnante ou simplesmente não o cumprimenta quando você passa. Alguém fuma. Alguém usa linguagem ruim no trabalho. Tem uma tatuagem que você não aprova. A lista vai longe.

É típico da condição humana que busquemos aqueles que sejam iguais a nós, que concordam com nosso modo de pensar, que ouvem o nosso tipo de música, que pintam sua casa das cores que usaríamos para pintar a nossa.

Contudo, graças a Deus, esse não é o jeito de Deus, nem o jeito da graça.

Julie tem esse mesmo problema. Ela não vê sua dignidade ou seu valor além daquilo pelo que passou, seja o que for que a tenha trazido para meu gabinete. Ela não mede sua humanidade por qualquer outra coisa que não seja o passado que continua a pairar sobre ela como uma nuvem.

Sendo assim, qual é o jeito da graça?

Séculos depois de Raabe ter morrido, um homem se senta junto a um poço sob o sol do meio-dia, sozinho. Está cansado e sedento e quer simplesmente se refrescar e descansar enquanto seus seguidores estão à busca de comida.

Uma mulher de má reputação da cidade vem ao poço. Ela não é prostituta, mas bem que poderia ser. Por ele ser religioso, por ser um homem santo, ele tem todo o direito de se afastar ou pelo menos dar-lhe as costas para que não a veja. Ele tem o direito e, diriam alguns, a obrigação de dar-lhe o tratamento do silêncio.

É isso o que fazemos. É assim que nos envolvemos com aqueles que estão ao nosso redor, e chamamos isso de indignação justa ou de vida santa. Ou chamamos de piedade e, em nossa piedade, expomos nosso coração.

Esse não é o jeito da graça.

O jeito da desgraça define uma pessoa por aquilo que ela fez. O jeito da graça define uma pessoa por quem a ama.

O jeito da desgraça olha apenas para o exterior.

O jeito da graça olha além do exterior, chegando ao coração.

O homem puxa conversa com ela. Pede-lhe algo — um pouco de água. E assim a alcança com graça escandalosa. Escandalosa a julgar pela aparência. O simples fato de trocar uma palavra com ela deixaria as pessoas religiosas da cidade iradas. Por que um mestre respeitado faria tal coisa?

Será que parte da resposta poderia ser que Jesus viu naquela mulher um reflexo de alguém que fazia parte de sua árvore genealógica? Ele poderia ter dito: "Você me lembra minha tatara-tatara-tatara-tatara-... tataravó. O nome dela era Raabe".

Mas ele não disse isso, é claro. Ele não quis se tornar o assunto do encontro; aquilo era sobre ela e as necessidades dela. Sua mais profunda necessidade. Uma necessidade que talvez ela achasse que jamais poderia ser atendida. E, naquele encontro casual junto ao poço, enquanto o balde cai na água, as estrelas de sua vida se alinham em reconhecimento de que esse é o homem pelo qual ela tem procurado por toda a sua vida. Esse é o amor que ela sempre buscou e nunca encontrou nos braços de ninguém em Sicar.

Todos nós temos esqueletos no armário. Pessoas na árvore genealógica que preferiríamos pular ou manter ocultas aos olhos dos outros. Canalhas e vilões. Pessoas menos que honradas na folha corrida de parentesco.

O problema de Raabe não eram tanto os esqueletos, mas as coisas que ela havia enterrado no próprio armário. As coisas que fizera para conseguir se sustentar. O desprezo que trouxera sobre si mesma por ser quem era.

Raabe tinha todas as razões do mundo para querer fugir de Deus. Tinha todos os motivos para temer os espiões mandados pelos israelitas e, se não por eles, por medo das autoridades de Jericó. Mas algo a atraiu para aqueles homens, aquelas pessoas que caminhavam pelo deserto. Alguma coisa a atraiu para o Deus que conduzia um povo de maneira miraculosa pelo deserto.

Talvez tenha entendido que precisava de um milagre em sua vida. Talvez essa necessidade tenha soterrado o medo que sentia dos outros da cidade. Embora tivesse vivido uma vida de vergonha e degradação, decidiu se lançar em busca de algo. Ela se submete à misericórdia daqueles a quem havia ocultado. Coloca sua plena fé e confiança em pessoas que não conhece e num Deus que ela não compreende.

Até que a graça, espontânea, alcance sua vida.

E essa graça terá efeitos profundos não apenas sobre a vida dela, mas sobre a vida daqueles que virão depois, que olharão para essa mulher como um dos principais exemplos de Deus daquilo que devemos saber.

O autor de Hebreus faz a seguinte declaração: "Pela fé a prostituta Raabe, por ter acolhido os espiões, não foi morta com os que haviam sido desobedientes" (Hb 11.31).

Ao ouvirem a história de Raabe, muitos ponderam se Deus fecha os olhos para a mentira. Deus honrou Raabe por enganar o rei de Jericó? Não. Há muitos exemplos de coisas que a Bíblia descreve abertamente que Deus não tolera ou sugere que sigamos como exemplo. Essa é uma das razões pelas quais podemos confiar nas Escrituras. Elas não douram a pílula da verdade. Não revestem de discurso politicamente correto aquilo que era claro para as pessoas da época.

"Raabe era uma mulher justa com algumas falhas." Falso.

"Raabe recebia muitas pessoas em sua casa e, por acaso, fez amizade com dois espiões de Israel..."

Não. Raabe era uma prostituta. Ponto final. Não havia razão para Deus favorecer alguém com uma reputação tão baixa. Alguém de posição tão inferior.

Mas esse é o jeito da graça.

E é dessa maneira que Deus quer trabalhar em sua vida, se você lhe der permissão. Deus não quer que você simplesmente *saiba* sobre ele. O objetivo dele para sua vida não é que você se agache de medo dele ou do seu povo. Seu desejo é, pela graça, atraí-lo para perto dele mesmo, qualquer que seja a situação em que você esteja, e mostrar seu amor e sua misericórdia através de você.

"Mas você não entende! Você não sabe o que fiz! Ou o que foi feito a mim".

Isso é o que sabemos: Raabe era prostituta. Ela se vendia. Estava à margem da sociedade. Vivia à beira da cidade, numa casa construída no muro de Jericó. Era impossível para ela se colocar mais distante do centro da vida. O registro bíblico não nos diz que ela teve um marido antes de os espiões aparecerem. Talvez ele tivesse morrido e ela enveredou na vida da prostituição para conseguir sustentar a si mesma e sua família. Talvez nunca tenha se casado antes disso e caiu na prostituição.

Há muitas coisas que não sabemos. Mas de fato sabemos disto: Deus, em sua graça, escolheu Raabe para fazer parte da linhagem de Jesus, o Messias. Deus, em sua infinita misericórdia, decidiu que essa pessoa desprezada e rejeitada seria a esposa de Salmom, trisavô do rei Davi.

Mas não vamos para o lado louvável dela ainda. Vamos permanecer aqui, em sua vergonha. Raabe era uma mulher necessitada. Ela é igualzinha a Julie. Há alguma coisa em relação a seu passado, algo sobre sua vida, bem em seu cerne que precisa de cura; nenhuma quantidade de sucesso ou de pensamento positivo satisfará essa necessidade. Ela não consegue se curar seguindo quatro passos e ouvindo um *podcast* sobre pensamento positivo.

Há uma cena na peça *Macbeth*, de Shakespeare, que ilustra perfeitamente a situação difícil de Raabe. Lady Macbeth incentivou seu marido a matar o rei Duncan, permitindo desse modo que ela se tornasse rainha da Escócia. Numa famosa cena de sonambulismo, ela esfrega manchas de sangue invisíveis em suas mãos: "Aqui ainda tem cheiro de sangue; todos os perfumes da Arábia não adocicariam esta pequena mão. Oh, oh, oh!".[4] Por mais intensamente que esfregue, aquelas manchas a assombram e, por fim, a levam a seu fim.

O que Raabe precisava, o que Julie, em meu gabinete, precisa e o que você e eu precisamos é de uma limpeza que chega ao nível da alma. Precisamos que a graça purificadora de Deus nos lave, que nos ensope e nos esfregue naqueles lugares onde não podemos chegar, aqueles pontos de nossa alma que, por mais que tentemos, não podem se tornar limpos por causa das feridas do passado, das escolhas que fizemos e das escolhas que outros fizeram contra nós.

E esta é a notícia gloriosa. Esta é a oferta incrível e inimaginável de Deus. O impuro, o profano, pode ser santificado. Não por causa de qualquer coisa que ofereçamos a ele mas por causa da bondade e da misericórdia do próprio Deus.

Mas não ousamos tentar produzir isso por nós mesmos. Devemos permitir que Deus trabalhe da maneira que ele irá trabalhar, pois esse é o único caminho para a cura e a plenitude verdadeiras. Se tentarmos apressar o processo pelo próprio esforço, perderemos a verdade. Perderemos a graça de Deus.

Raabe não se tornou justa nem foi listada na galeria dos heróis da fé apresentada em Hebreus porque fundou um ministério para atender prostitutas. Ela não foi apoiada e usada por Deus por mudar de atitude, liderar estudos da Torá ou levantar fundos para o centro de apoio a mães solteiras da cidade.

Raabe *creu*.

Ela creu que Deus existia. Creu que ele era poderoso e o único Deus verdadeiro. Creu que ele estava trabalhando nos descendentes de Abraão e tinha poder ilimitado. E, em algum nível, creu que esse mesmo Deus tinha poder para mudar sua vida, tanto quanto outros talvez tenham achado isso impossível.

Para tornar-se completa, Julie precisa crer da mesma forma. Ela deve crer naquilo que Deus pensa a seu respeito, e não nas vozes que a relembram de seu erro do passado. No meio de seu temor e incerteza, ela deve dar boas-vindas aos espiões. Uma coisa pequena. Abrir a porta para a verdade.

Verdade e graça. Quando você crer em Deus e abrir a porta para esses dois espiões e enxergar a verdade sobre si mesmo e a verdade sobre Deus, então será capaz de discernir os amplos efeitos que a graça pode ter. A verdade o levará ao arrependimento, e a graça lhe dará esperança.

Como conselheiro, não posso mudar o coração de Julie. Posso fazer perguntas e apontar uma boa direção, mas não posso fazer com que ela enxergue a verdade, a não ser que ela abra sua vida para a possibilidade de que seu passado não mais a defina. Verdade e graça fazem toda a diferença.

Quando ela agir dessa forma, Deus poderá tomar seu coração e transformá-los. Poderá remover a vergonha e silenciar as vozes do passado, transformando-as em sussurros de sua graça.

A mentira do inimigo é: "Você não merece estar aqui. Você é um desprezível pedaço de humanidade. Você será assombrado por seu passado para sempre. Você não merece se tornar um filho de Deus".

O sussurro da graça diz: "Portanto, agora já não há condenação para os que estão em Cristo Jesus" (Rm 8.1); "Eu também não a condeno. Agora vá e abandone sua vida de pecado" (Jo 8.11); "Vocês foram libertados do pecado e tornaram-se escravos da justiça" (Rm 6.18).

Raabe era uma mulher má que se encontrou com um Deus santo que não a destruiu. As paredes de seu coração foram derrubadas. Ela não só foi citada numa lista de heróis de fé, como também foi escolhida para fazer parte da linhagem do Salvador.

Não deixe a vergonha do seu passado e o fracasso que você conheceu na vida impedirem que Deus mude você. Não deixe que o seu pecado o escravize por mais tempo. Você pode ter mais do que segurança e redenção em sua vida. Tal como Raabe, você pode conhecer Deus plenamente e segui-lo. O resultado foi que essa mulher, tão marcada por seu passado, foi dramaticamente transformada. Ela se casou com um príncipe israelita, Salmom, e tornou-se a trisavó do rei Davi.

Permita que esse Deus de graça maravilhosa, incrível e extraordinária derrube as paredes do seu coração. Permita que o cordão vermelho do amor de Deus, através de Jesus Cristo, lave e limpe você e faça de você uma nova criação. Creia na verdade sobre sua graça. Assim como a família que permaneceu na casa de Raabe, se você está "em Cristo" existe outro resultado possível para sua vida.

"Portanto, se alguém está em Cristo, é nova criação. As coisas antigas já passaram; eis que surgiram coisas novas!" (2Co 5.17).

CAPÍTULO 4

GRAÇA QUE TRAPACEIA

Tamar

Tamar está grávida. Ouça os sussurros. Ouça as conjecturas sobre quem é o pai. Tamar está grávida. Isso é escandaloso. É motivo de punição — até mesmo de morte!

Mas você precisa conhecer o histórico de Tamar, uma mulher gentia que se casou e entrou para uma família de prestígio com uma longa história de relacionamento com Deus.

Tamar casou-se com Er, o filho mais velho de Judá, que era o quarto filho de Jacó e Lia. Mas Er era um homem perverso, e Deus pôs fim à sua vida. Judá disse ao filho seguinte na linhagem que cumprisse "as suas obrigações" com Tamar, mas Onã não fez isso e Deus o matou também. Assim, restava ao último filho, Selá, tornar-se marido de Tamar, mas ele era jovem demais naquela época. Judá prometeu que isso aconteceria, e Tamar voltou para a casa de seu pai para chorar.

Mas Judá não cumpriu sua promessa. E Tamar foi deixada sem filhos, sozinha. Abandonada.

Tamar está grávida! Seu ventre está inchado por causa de uma criança. Que desgraça!

Quando Judá ouviu que sua nora estava grávida, ficou irado. Ele não podia acreditar que ela vivia uma vida escandalosa e desprezível. Em sua indignação justa, condenou-a a morrer queimada.

Tamar mandou um bilhete para seu sogro e confirmou a gravidez. Ela também revelou que o homem responsável por aquilo era dono do selo com cordão e do cajado que ela enviou junto com o bilhete. Aquelas coisas pertenciam a ele.

"Judá, você é o pai".

Imagine o semblante perplexo de Judá. Como ela poderia acusá-lo de tal coisa? Ele nunca havia tocado em sua nora. De fato, a única pessoa com quem ele...

Então se lembrou. A prostituta cultual à beira da estrada. Ele não havia sequer sonhado que poderia ser Tamar. Isso colocou Judá de joelhos — não apenas seu pecado, mas o fato de que não havia cumprido a promessa que fizera a ela. Ele havia impedido que seu terceiro filho se tornasse marido dela.

"Ela é mais justa do que eu", disse Judá.

A abandonada, ferida e esperta Tamar deu à luz gêmeos.[5]

SE VOCÊ JÁ VIU mobília "rústica", então percebeu alguns nós e partes externas ásperas e não envernizadas. O aspecto "natural" da criação do carpinteiro é chamativo porque muitos gostam de levar essas peças para casa a fim de "acabá-las".

As pessoas da Bíblia são muito parecidas com mobília rústica. Os nós e os redemoinhos de má aparência estão em todo lugar, em todo coração, mas a graça de Deus também está. Essa é uma das razões de a Bíblia estar acima de outros livros sagrados: ela não encobre as lutas daqueles que tentam seguir Deus. Não retrata os seguidores de Jesus como seres perfeitos. Longe disso. E eu e você nos identificamos com essas pessoas e suas lutas, e vemos Deus trabalhando em nós mesmos assim como ele trabalhou nelas.

Esse é o caso de Tamar. Tal como Raabe, sua história não é bonita, mas ela é uma das ancestrais de Jesus.

Tamar era uma gentia, uma não judia. Uma mulher. Alguém não considerada "digna" em sua sociedade. Tal como Raabe, ela já estava em desvantagem antes mesmo de sua história começar.

Mas existem mais coisas. A mobília tem mais nós e é mais feia. Se você nunca leu a Bíblia, o que se segue poderá chocá-lo.

Tamar se casou e entrou para uma família judia — uma família judia realmente famosa e importante. Seu marido, Er, era o filho mais velho de Judá. Judá era um dos filhos de Jacó, também conhecido como "Israel", o neto de Abraão. O *pedigree* aqui é enorme. O Deus do universo tem trabalhado nessa família e tem feito promessas específicas de longo alcance. É importante lembrar-se disso. Embora seja gentia, Tamar é uma mulher que sabe muito. Sabe demais.

O sogro de Tamar, Judá, tinha muitos irmãos. Um desses irmãos era José, e foi ideia de Judá vendê-lo como escravo em vez de matá-lo. Seu pensamento era: "Por que matá-lo se podemos ganhar dinheiro com o negócio?". Astuto. Interesseiro. Pragmático. Qualquer que fosse a situação diante dele, ele olhava pelas lentes de "O que posso ganhar com isso?".

Durante o tempo que José esteve no Egito, Judá andou por aí e encontrou uma esposa, uma mulher cananeia. Uma gentia. Ela lhe deu três filhos: Er, Onã e Selá. A Bíblia diz que Judá "escolheu" ou "tomou" para Er uma mulher chamada Tamar. Mal podemos imaginar como foi a vida para ela. Não foi o caso de Er e Tamar se apaixonarem e namorarem, descobrirem suas respectivas linguagens do amor, passarem por aconselhamento pré-conjugal, preencher um perfil de personalidade (o que, é claro, eu recomendaria a qualquer casal). Em vez disso, naquela cultura, você "tomava" uma esposa.

A propensão de Judá, ou seu estilo pessoal se você preferir, era negociar. Podemos imaginá-lo negociando com o pai de Tamar sobre o pagamento, o arranjo estabelecido para obter a mão dela em casamento. Seja o que for que tenha acontecido, Judá voltou de longe com uma noiva para um filho que era menos do que agradável para Deus.

Não nos é dito nada sobre os pecados de Er, apenas que "o SENHOR reprovou a conduta perversa de Er" (Gn 38.7). Diante de toda a maldade ao seu redor, das más escolhas que Judá e seus irmãos haviam feito e da impiedade da cultura local, Er aparece decadente ao quadrado. De fato, Deus não estava apenas irado com Er. O homem cruzou a linha da paciência de Deus e pecou tão grandemente que Deus "o matou". Deus não tirou a vida de Er em nome de algum bem maior, de algum sacrifício nobre; ele o executou por causa de sua impiedade. Ele não permitiria que Er fizesse parte da linhagem de Jesus.

A pergunta que surge imediatamente é: Algumas pessoas são ruins demais para serem usadas por Deus? Foram longe demais? Há pessoas irredimíveis no planeta, às quais Deus quer dar fim?

Não interprete as ações de Deus contra Er como qualquer outra coisa senão um exemplo explícito de quão a sério ele leva o pecado. De fato, Deus não poupou o próprio Filho de uma morte horrível na cruz para que pagasse a pena que eu e você merecemos. "Deus tornou pecado por nós aquele que não tinha pecado, para que nele nos tornássemos justiça de Deus" (2Co 5.21).

Essa ação de Deus mostra, no mínimo, que ele tinha um plano diferente do que usar Er como ancestral de Jesus. Está claro que Jesus é profetizado como sendo descendente da tribo de Judá, de modo que ele tem de vir por essa linhagem. Uma vez que Er morreu antes de ter um filho, a oportunidade cai sobre seus irmãos Onã ou o jovem Selá.

Judá vai até Onã, o próximo na linha sucessória, e o informa de que é sua tarefa casar com Tamar e ter filhos com ela. Mas Onã não está disposto. Não sabemos por que ele não quer que a linhagem de seu irmão continue, mas sua recusa é clara. Onã não consuma o casamento, deixando que sua semente seja derramada ao chão. Isso desagrada a Deus de tal modo que ele o mata também.

Dois maridos, duas mortes perpetradas por Deus e, no processo, uma linhagem ancestral parece estar por um fio. Judá está vendo seus filhos morrerem como moscas. Ele diz a Tamar que ela tem de esperar até que Selá, o irmão mais novo, cresça para que ela possa iniciar uma família. Ela volta para a casa de seu pai em luto.

O luto fará coisas estranhas ao coração humano. O mesmo acontecerá com a dificuldade e o abuso. Não é possível imaginar o que Tamar passou em razão do egoísmo de Er e de Onã. Sua reação à instrução de Judá é obedecer. Ela coloca suas roupas de viúva e espera.

À noite, porém, ela planeja. Ela chora. A ferida supura. Sua vida, que deveria ter sido uma coisa maravilhosa — com todas as bênçãos de Deus derramadas sobre seu povo — se torna um monte de entulho. Ela está de volta ao lugar onde começou, novamente debaixo do teto de seu pai. Sozinha. Em vez de uma casa cheia de crianças, algo que significava riqueza, bênção e prosperidade nos seus dias, ela estava sem filhos. E estava separada da família à qual havia se juntado — a próspera e abençoada família de Israel.

O que acontece a seguir tem a aparência de um plano perverso. Tamar planeja sua vingança. Ela vai conseguir o que deseja, o que merece e, no processo, fará com que outros paguem pela maneira como a trataram. Sua conspiração para retornar à linhagem de Judá mostra até onde ela está disposta a ir para pagar mal com mal. Uma coisa lhe fora prometida, e ela vai consegui-la da maneira que puder.

Suas ações são o oposto da fé verdadeira. Ela assume o controle. Ela trapaceia. A graça e a misericórdia de Deus estavam disponíveis. Talvez as mortes de Onã e Er fossem na verdade aspectos da graça de Deus, mostrando a Tamar que ele se importava com ela. Deus ama ajudar o fraco e o ferido.

Você já assumiu o controle da situação que não estava saindo da maneira que havia planejado? Isso aconteceu com Abraão. Com Sara também. E aqui está Tamar, seguindo as pegadas deles.

Tamar sofreu diante do desprezo que sofrera por parte da família de Judá. Sofreu por causa da maneira como Deus a havia decepcionado, como havia enchido sua vida de dor. Tempo, mais pecado, mais um coração ferido geraram um plano sorrateiro.

Tenha em mente que a coisa que Tamar quer também é aquilo que Deus quer. Ele prometeu que um Redentor viria daquela linhagem. Mas o desejo de Tamar sobrepuja e assume a narrativa.

Anos se passam. Pode-se entender pelo texto bíblico que foram muitos anos, e agora ela era uma mulher esquecida. Selá já tem idade, mas, uma vez que ninguém fala sobre ele se tornar seu marido, Tamar decide que é hora de agir.

Ela ouve que a mulher de Judá havia morrido, e, depois de recuperar-se de seu luto, ele vai a Timna a negócios. Dizem a Tamar: "Seu sogro está a caminho de Timna para tosquiar suas ovelhas" (Gn 38.13).

Tamar aproveita a oportunidade: retira as roupas de viúva e se cobre com um véu como disfarce. Vai para a estrada principal por onde ela sabe que Judá passará. Você pode sentir a ira misturada com tristeza e indignação.

Ela tem o direito de estar irritada. Mas, em vez de lidar com a situação de maneira justa, em vez de confrontar a desconsideração de Judá, ela toma o assunto nas próprias mãos e mostra o que realmente está em seu coração.

Judá, viajando pela terra, com a mente ocupada com qualquer outra coisa, menos com o apelo de sua nora, vê o que ele pensa ser uma prostituta cultual. Sai do seu caminho e a contrata. Assim como fez para seu filho Er, ele a toma.

> "Venha cá, quero deitar-me com você".
> Ela lhe perguntou: "O que você me dará para deitar-se comigo?".

Será que ela disfarçou a voz? Será que foi preciso fazer isso?

> Disse ele: "Eu lhe mandarei um cabritinho do meu rebanho".
> E ela perguntou: "Você me deixará alguma coisa como garantia até que o mande?".
> Disse Judá: "Que garantia devo dar-lhe?".
> Respondeu ela: "O seu selo com o cordão, e o cajado que você tem na mão". Ele os entregou e a possuiu, e Tamar engravidou dele.
>
> Gênesis 38.16-18

E porque ela se colocou ali, à beira da estrada por onde sabia que Judá passaria e porque conhecia o jeito dele, Tamar finalmente conseguiu o que lhe fora prometido. Ela recebeu o que era seu por direito, um filho na linhagem de Judá. Mas ela o enganou. Com sua habilidade, sua astúcia e sua sensualidade, ela conspirou.

E quanto a Judá? O fato de fazer uma oferta para uma pessoa que ele achava ser uma prostituta mostra o estado de seu coração, o estado espiritual de sua família.

Se Deus é santo, ele teria todo o direito de ter desintegrado tanto Judá quanto Tamar e mais alguns outros. Como seria possível a Deus usar essas pessoas? Como ele usaria essa história? Por que Deus usaria uma família tão confusa para fazer parte da linhagem de Jesus?

Porque essas são as pessoas que mostram perfeitamente a graça de Deus. E, se você tomou alguma decisão na vida que paira sobre você como o véu sobre o rosto de Tamar, saiba disto: você pode ser perdoado. A misericórdia de Deus é grande para com aqueles que reconhecem seu pecado, sua situação arruinada. Se você clamar a ele por misericórdia, a receberá. Assim como o homem paralítico que não tinha força sequer para ir até Jesus e precisou ser carregado, Deus criará em você um coração puro.

A situação de Tamar se torna bastante desesperadora porque, três meses depois, Judá é informado de que ela está grávida e é culpada de prostituição. (Judá enviara o pagamento àquela "prostituta cultual", mas ninguém sabia quem ela era. Não conseguiram encontrá-la.) Judá está pálido diante das notícias e ordena que Tamar seja trazida para fora e queimada viva.

Compaixão e preocupação pelas pessoas não é algo comum nessa família.

Enquanto era trazida para fora, ela envia uma mensagem a Judá, juntamente com seu selo, seu cordão e seu cajado. "Estou grávida do homem que é dono destas coisas" (Gn 38.25).

Imagine a cara de Judá. Ele foi pego na própria teia de pecado sexual. É bom que se diga que ele não retaliou. Não tentou encobrir suas falhas. Ele simplesmente disse: "Ela é mais justa do que eu, pois eu devia tê-la entregue a meu filho Selá" (v. 26).

Finalmente, Judá enxerga a verdade em relação a si mesmo. Dois gêmeos nascem: Perez e Zerá. Ainda no ventre, esses dois lutaram, tal como o restante da família.

Uma mulher gentia seduziu seu sogro para que ele cumprisse uma promessa. Ela usou o sexo para enganá-lo. Ela sofreu abuso e foi esquecida. Você conhece alguém que se encaixa nessa categoria hoje?

Provérbios 30 apresenta três coisas que fazem a terra tremer. Uma delas é "a mulher desprezada que por fim se casa" (v. 23). Essa é Tamar. Não temos certeza do que aconteceu em sua vida depois desses eventos. Simplesmente não nos é informado. Mas sua história fala igualmente a homens e mulheres hoje. Sua vida aponta-nos a graça de Deus, pois é somente ali que podemos encontrar o verdadeiro amor pelo qual nosso coração anseia.

Só encontramos esse tipo de amor na graça de Deus.

Parte 2

Possuindo a graça de Deus

A fé salvadora é uma relação imediata com Cristo, aceitando-o, recebendo-o e descansando apenas nele para obter justificação, santificação e vida eterna pela virtude da graça de Deus.

Charles Spurgeon

CAPÍTULO 5

A APLICAÇÃO DA GRAÇA, OU NÃO TERÍAMOS O SALMO 51 SEM ESSA HISTÓRIA

Davi

Por onde começar? Como resumir uma vida como a de Davi?

Ele tinha um coração disposto. Um coração voltado para Deus. Um coração disponível. Lutou contra um gigante usando as ferramentas de um pastor e não deixou que o medo o abatesse.

Tinha um coração melodioso, hábil numa música que acalmava o rei Saul.

Tinha o coração de um pastor. Cuidava das ovelhas até que foi chamado a comparecer para ser ungido rei de Israel.

Tinha um coração respeitoso. Teve a chance de tirar a vida do rei Saul, mas reconhecia a escolha da liderança feita por Deus e não a tiraria dele.

Tinha um coração amoroso. Sua amizade com Jônatas, o compromisso com o filho daquele homem, Mefibosete, são exemplos de sua bondade e fidelidade.

Mas Davi não tinha um coração cauteloso, como vemos no episódio com Bate-Seba. Davi olhou na direção da casa de Urias, seu amigo guerreiro, e viu algo que levou seu coração para longe de Deus, para longe de seu amigo, para longe da verdade, do amor e da fidelidade, na direção dos próprios desejos. Não foi apenas um olhar de relance que o enredou; foi o anseio, o desejo do coração por aquilo que era proibido: a esposa de Urias.

Em certo sentido, esse episódio na vida de Davi é um espelho de Adão e Eva. Eles comeram o que era proibido. E, no ato de comer, em sua desobediência, seus olhos foram abertos e as consequências foram desastrosas. O eco do pecado de Davi lançou uma enorme sombra sobre todos em Israel.

Mas Deus tinha uma maneira de tocar o coração de Davi. E a boa notícia sobre Davi é a boa notícia para você e eu. Davi tinha um coração cheio de arrependimento. E isso é algo que Deus ama. Deus responde àqueles cujo coração é quebrantado e contrito.[6]

A GRAÇA DE DEUS costuma vir embrulhada em dor e fracasso. É recebida com alegria e esperança, mas não é aplicada até que algum arrependimento profundo se estabeleça. O fracasso é o solo onde a graça cresce. Esse é o caso do homem na cadeira, encurvado como uma criança que perdeu a esperança.

— Sou um fracasso — diz ele.

— Por que você diz isso? — pergunta o conselheiro.

— Porque é verdade. Tudo o que fiz, tudo o que tentei realizar, acabou. Nunca serei o homem que eu era. Nunca serei o homem que eu quis ser. E meus filhos, o que pensarão de mim? O que lhes deixarei como legado?

Esse homem teve tudo. Um líder completo. Poderoso. Liderou homens em batalha, os quais colocaram a vida nas mãos dele. Derramaram sangue por ele; não ficaram simplesmente olhando para ele, mas o seguiram até à boca da carnificina. E seguiram não por causa de medo ou obrigação, mas com coração dedicado a esse líder apaixonado.

Mas agora ele estava caído, e não por causa da espada ou da flecha do inimigo. A ferida que ele infligiu a si mesmo é profunda e mortal. Ele não consegue encontrar o caminho para sair do fosso. Cometeu erros, erros terríveis. Erros que marcaram seu rosto de menino — o homem de boa aparência que parecia destinado à grandeza eterna — com medo, preocupação e desespero. Ele está no fim de suas capacidades.

O fim de si mesmo é um bom lugar onde estar se você quiser experimentar a graça. Mas ele precisa de mais do que conhecimento: ele precisa de graça "experiencial".

Ele não consegue sequer começar a compreender a perda que sofreu. O dano produzido por suas escolhas. Pela maneira como se senta, como anda, fica claro que está quebrantado. A vida sumiu de seus olhos, como se o sangue lhe tivesse sido extraído e seu coração bombeasse apenas ar.

— Nunca voltarei a ter o que tive. Quantas coisas desperdicei.

— Diga-me: quem é você?

Ele olha para cima. Aquela torre de homem reduzida a escombros.

— Você sabe quem eu sou.

— Eu sei o seu nome. Conheço seu passado, sua reputação. O bem que você fez e algumas coisas ruins também. Mas quero saber quem *você acha* que é.

Ele se levanta da cadeira, aquele homem musculoso que raramente enfrentou a derrota. Não foi um inimigo em muito maior número que o colocou para baixo. Foi a tempestade que ruge por dentro, muito além do exterior belo e vigoroso.

VEJO MUITO DISSO em minha prática. Chamo isso de efeitos "da lei". São as regras fazendo seu trabalho. Um homem do alto de sua carreira pisa além da borda e cai. Um homem pode definir a si mesmo pela queda de tal altura estonteante. Ele pode se definir em função daquele fracasso. Ele olha para o resíduo ao seu redor, o respingo de sua vida sobre os outros, e acredita que isso é o que ele realmente é, a soma de todos os seus fracassos. Ele acha que Deus também o define dessa maneira, que Deus vê os fracassos do homem como ele os vê. Por que não seria assim? Se o Todo-poderoso vê e sabe todas as coisas, é certo que essa mancha de pecado se destaca para ele. Como não o faria? É tão aparente que até um homem cego pode vê-la. E Deus é santo, ele não pode desprezar... isso.

Como seres humanos, olhamos para uma pessoa e a julgamos pelas coisas feitas por ela e a ela. A perda e a dor, o sucesso e a dificuldade. Como não fazer isso? Quando as coisas são tão claras, nós julgamos.

Jeremias, o profeta chorão, escreveu:

"Mesmo que você se lave com soda
e com muito sabão,
a mancha da sua iniquidade
permanecerá diante de mim",
diz o Soberano Senhor.

Jeremias 2.22

É como uma criança suja do chocolate que roubou. O ladrão com a mancha da explosão em suas mãos. Deus vê. Ponto final. Acabou.

Homens e mulheres que caminharam com Deus pelos séculos já se viram dessa maneira também. Essa mancha. Como um cachorro que destruiu o tapete. Como se Deus apontasse seu dedo direto para a mancha. Como se pedisse uma explicação. As pessoas ainda se sentem dessa maneira. Elas não entendem que a graça de Deus está disponível a todo aquele que a pedir.

— Acabou — continua ele.

— Você acha que sim? Já considerou que talvez você esteja apenas começando?

Ele olha para cima.

— Estou falando sério — explica o conselheiro. — E se esse fracasso, esse erro que você cometeu, não o impedisse de fazer aquilo para o que você foi criado? E se isso de fato empurrasse você...

— Você não entende. Você não sabe o que fiz.

Sua mão forte se estica para coçar o pescoço, como se a dor chegasse aos ossos e se propagasse.

— Bem, as promessas de Deus terminam aqui... Você é *assim* poderoso.

Ele olha para longe, mas volta para si mesmo, para a mancha, tendo o nariz firmemente plantado em seu fracasso.

— O Leão de Judá virá da sua linhagem. Um rei que subirá ao seu trono. Essa é a promessa de Deus, e você não pode frustrar isso. Você não pode impedir Deus de ser fiel àquilo que ele é, fiel para com a própria palavra.

Um pequeno brilho de reconhecimento. Alguma coisa faísca por dentro. Um *flash* nos olhos. Então, uma história. Sempre é uma história que muda um coração. Isso é tudo o que é necessário para colocá-lo para baixo. E a história é esta.

> "Dois homens viviam numa cidade, um era rico e o outro pobre. O rico possuía muitas ovelhas e bois, mas o pobre nada tinha, senão uma cordeirinha que havia comprado. Ele a criou, e ela cresceu com ele e com seus filhos. Ela comia junto dele, bebia do seu copo e até dormia em seus braços. Era como uma filha para ele. Certo dia, um viajante chegou à casa do rico, e este não quis pegar uma de suas próprias ovelhas ou de seus bois para preparar-lhe uma refeição. Em vez disso, preparou para o visitante a cordeira que pertencia ao pobre."
>
> 2Samuel 12.1-4

Essa é a maneira pela qual Deus quebra o solo pedregoso do coração. A história gira em torno da alma do homem mais poderoso do reino e causa indignação, ira justa, e uma paixão que sobe como incenso.

Então, surge a percepção de que a história não é sobre alguém "lá de longe"; a história é sobre ele mesmo — sua mancha, seu pecado —, e ele fica arrasado.

Ele tomou para si o que não lhe pertencia, o que não poderia possuir legalmente, o que cobiçou, o que viu a distância e desejou. E quando experimentou como aquilo era bom, quando possuiu, não conseguiu largar... e, assim, matou para mantê-la.

Na história, o homem rico recebeu o que não possuía, apoderou-se da cordeira e a ofereceu ao viajante. E suas ações afetaram todos.

Esse líder, Davi, roubou a mulher de outro homem. Um homem que havia jurado lealdade a ele, que nunca retivera nada de seu líder, foi prejudicado. Davi era o homem rico. Urias era o homem pobre. A traição era o adultério de Davi, que começou com o desejo, o qual provocou um imenso cataclismo na vida de Urias.

Quando é abraçado, o pecado produz morte espiritual. E, embora seja sedutor e aparentemente produza aquilo que você quer, ele fará com que você receba algo que nunca esperou — ele se estenderá de você para outros e os afetará.

— Se eu pudesse refazer essa escolha. Se eu pudesse simplesmente reviver aquilo de novo — diz o rei Davi mansamente.

— Você não pode — afirma Natã, o conselheiro e profeta,

enquanto olha para baixo, na direção do homem quebrantado diante de si.

— Venci exércitos. Derrubei um gigante, mesmo com a altura que eu tinha. Apenas com uma atiradeira e uma pedra. Evitei a ira assassina do rei — tive tantas vitórias. Mas não consigo vencer o que está aqui dentro. Não consigo derrotar esse inimigo dentro de mim. Minha alma está ferida, tal qual o crânio de Golias. E o pecado me assombra.

— Você não consegue desfazer isso tudo. Isso faz parte da sua história agora. Mas esse não é o fim.

— Como poderia não ser? — diz ele, lançando as palavras.

— Diga-me o que você vai dizer a Deus. O que está no seu coração neste momento? — pergunta Natã.

Lágrimas escorrem, seu corpo treme. Então ele põe para fora, em convulsões de emoção, o que o incomoda por dentro; ele vomita tudo numa confissão longa e transbordante.

— Sinto muito. Sinto muito por aquilo que fiz. A Urias. A ela, Bate-Seba. Por colocá-la nessa posição. Ao meu país. A *Ele*.

— Converse com ele. Conte-lhe o que está aí dentro.

Mais choros de emoção e soluços sufocantes saem de seu corpo. Ele ora:

Tem misericórdia, ó Deus, tem misericórdia de mim. Não porque eu tenha te agradado ou obedecido a ti, pois não agi assim. Tem misericórdia de mim por tua graça. Porque tu és cheio de compaixão. Perdoa-me. Lava esta mancha do meu coração, da minha mente, da minha vida. Lava-me. Ó Deus, lava esta sujeira de mim porque não sou nada além de imundície diante de ti.

Ó Deus, sei quão longe caí. Meu pecado me assola, quando me deito, quando levanto, a cada momento de cada dia.

Tu tens toda a razão para me julgar, me condenar, porque fiz o que é mau aos teus olhos.

No meu nascimento, quando ainda estava no ventre da minha mãe, eu estava manchado por esse pecado, e continuo assim hoje. Não tenho esperança de justiça fora de ti. Nenhuma esperança de perdão. Nenhuma esperança.

Lava-me, limpa-me. Se tu não fizeres isso, não ficarei limpo.

Quero ouvir de novo, quero ser alegre de novo, experimentar vida, saúde, alegria e tua bondade. Embora meus ossos doam e meu corpo se sinta esmagado, sei que tens o poder de fazer com que eu me regozije.

Afasta-te do meu pecado, não olhes para ele, não o vejas, não o coloques contra mim. Apaga as minhas transgressões e cria dentro de mim um coração puro, um coração limpo, ó Deus, e renova em mim um espírito de fidelidade a ti. Quero que a fidelidade ardorosa a ti faça parte da minha vida novamente.

Restaura dentro do meu ser a alegria que vem por conhecer o teu perdão, a tua salvação, e sustenta-me com um desejo de te seguir.

E que minha vida, meu exemplo, ensine a outros que caíram que existe esperança, que existe um caminho de volta a ti. Um caminho de volta ao teu amor e à tua misericórdia, de modo que eu não tenha de viver com culpa por todo o meu pecado, pelo sangue que derramei, pelo mal que cometi.

Dá-me voz outra vez. Abre meus lábios e falarei de ti. Cantarei da tua bondade e misericórdia.

Esse é o jeito da graça. Ele ainda não a conhece, mas até mesmo sua confissão é parte do ato de graça — uma peça em três atos que começa no coração e se espalha pela vida. É a mesma progressão da peça em três atos do pecado, mas que possui o efeito oposto.

QUANDO TENTADA, uma pessoa é arrastada e atraída pelo próprio desejo. O desejo concebe e dá à luz o pecado. Você observa a progressão descendente. Recebemos a sedução, a abraçamos ou tomamos posse dela, e ela termina nos dominando, produzindo morte. Esse é o jeito do inimigo de nossa alma. Ele quer roubar, matar e destruir.

Mas aquele que ama a sua alma quer exatamente o oposto. Em vez de morte, Deus quer lhe dar vida, vida abundante, cheia até transbordar.

Ao receber graça e possuí-la (ou seja, viver plenamente à luz da graça), você está capacitado a estender graça. Crer na obra de Cristo — o sacrifício sem pecado realizado por ele em seu favor — permite que você receba a graça de Deus e comece a viver em seu poder, deixando que ela o leve da morte para a vida. Essa vida se espalha naturalmente para outros. Essa é a obra da graça. Ela não pode ser contida.

DAVI ESTÁ ASSENTADO, a cabeça por entre as mãos. Ele chorou. Recordou a sedução, a traição e a subsequente perda de seu filho primogênito com Bate-Seba. O passamento de seu amigo Urias em suas mãos — afinal de contas, foi ele quem deu a ordem para que Urias fosse mandado para a linha de frente. Quando pensa em Bate-Seba, ele vê seu pecado. Vê sua indiscrição. Vê a si mesmo.

— O que faço? — diz o rei.

— Você já fez. Você já deu início ao processo.

— Arrependimento?

— Não apenas arrependimento. Você deve primeiro crer que Deus ouvirá você. Ele aceitará seu apelo. Alguma coisa dentro de você o atraiu para perto de Deus, em vez de afastá-lo.

— Minha crença?

— Ela é parte disso, mas no cerne das suas ações está um mover do próprio Deus dentro de você. Com a história, com a revelação do pecado, Deus foi inacreditavelmente bondoso com você.

— Como assim?

— Ele não permitiu que você seguisse por esse caminho até chegar ao fim, até que chegasse ao fundo. Deus o chamou de volta a ele, chamou-o à vida, a uma nova vida. E sua contrição o levará a algo melhor. Você não pode ficar são novamente se não ficar quebrantado dessa forma. Não pode escolher a vida sem antes ver a ruína que escolheu.

— Mas e quanto a ela? O que acontecerá com a criança que está crescendo dentro dela?

— Você acredita que Deus é capaz de cumprir suas promessas?

— Deus é capaz de fazer qualquer coisa. Não descreio de Deus; mas não tenho certeza em relação a mim mesmo e ao meu lugar no plano dele.

— Quando confiar nele, você não precisará crer em si mesmo. É ele quem cumprirá tudo. Ele trabalhará até mesmo através da sua descrença, daquelas escolhas que seguem rumo à destruição. E essa graça que Deus lhe deu, deixe que penetre em cada poro do seu ser.

Ele ainda não entende.

Nós ainda não entendemos.

Mas está tudo bem. Esse é o jeito da graça. Esse é o seu mistério.

"Eu não vim chamar justos, mas pecadores ao arrependimento" (Lc 5.32).

Ninguém está fora dos limites do amor de Deus. E, se você cair depois de se tornar filho dele, Deus não vai desistir de você. Ele está pronto para que você se volte para ele. Deus manteve Davi como rei porque Davi se quebrantou diante daquilo que fizera.

Deus está pronto para perdoar, pronto para manter relacionamento, pronto para adotar você em sua família eterna. A restauração está à espera. A nova vida está à espera. Receba sua graça. Clame por misericórdia. Ela é nova todas as manhãs.

CAPÍTULO 6

PERSEGUIDA PELO DESEJO, ALCANÇADA PELA GRAÇA

Bate-Seba

Ela olha para o esplendor do reino. Espera ansiosamente o dia em que seu filho se tornará rei. Ela é uma mulher idosa agora, perto da morte do homem que ela amou. O homem cuja escolha mudou tudo.

Ao relembrar os eventos de sua vida, a dor que ela atravessou, mais parecida com um pântano, coisas que ela não desejaria nem para um inimigo, ela ouve um som que traz tudo de volta. Toma fôlego conforme a água é tirada. Fecha os olhos e é transportada pelo esguicho da água, de volta àquela época do ano, à exata hora em que se banhava em sua casa.

O início do caos na casa de Davi se deu com aquele banho. Ela sabe disso. Ela pode sentir a espiral descendente empurrando sua família, essa linhagem que se estende até Abraão e além. Ela sente o peso do pecado como as ondas de angústia que a atingiram depois da perda de seu primogênito.

Bate-Seba, filha de um guerreiro, esposa de um guerreiro, depois esposa de um rei. Mulher de um adúltero. Um assassino. Como isso aconteceu? Como fugir da verdade que ainda pende sobre ela?

Davi pecou ao levá-la para o palácio e tomar seu corpo. A beleza dela fez o coração do rei se desviar. Mas é possível a uma mulher ser culpada de possuir tanta beleza? Então ela engravidou, e o rei tentou acobertar seu pecado. Davi pediu ao marido de Bate-Seba que voltasse da batalha para que pudesse dormir com ela, mas Urias não faria isso. Ele não se consolaria nos braços dela enquanto seus homens estivessem lutando. Ou talvez Urias soubesse de algo.

Seja qual for o caso, Davi o enviou para a frente de batalha, e Urias foi morto. E o bebê crescia. O profeta veio e contou uma história que cortou o coração de Davi. Ele chorou e se arrependeu.

Mas seu arrependimento não salvou a criança. O filho de Bate-Seba nasceu, mas algo deu errado. Sua saúde se deteriorou e, depois de uma semana, ele se foi. E houve mais lágrimas para ela, mais dor e perguntas que permaneciam. Ela teve outro filho, Salomão, um rapaz muito sábio. Mas no fundo da mente de Bate-Seba sempre existiu a pergunta.[7]

DEUS ESTÁ BRAVO com você? Ele o está punindo por algo que você fez? Já fez essa pergunta? Se ainda não, você provavelmente a fará. Sua vida pode seguir em frente depois de ter acontecido algo ruim? Depois de ter cometido algum mal? Sua vida acabará se alguém cometer um ato maligno contra você? Vou está destinado a ser julgado por aquele ato?

Seja honesto: quando ouve o nome Bate-Seba, em que você pensa? Seu primeiro pensamento provavelmente não é "Ela é a mãe do rei mais sábio da história, o rei Salomão, a mulher que faz parte da linhagem do Messias!". Seu primeiro pensamento sobre Bate-Seba é a sedução de Davi. Sua gravidez. A morte de seu marido. Aqui está outro sórdido conto de sexo, desejo, paixão e assassinato.

Davi foi pai de Salomão, cuja mãe, Bate-Seba, fora esposa de Urias. A árvore genealógica de Jesus inclui mentirosos, trapaceiros, adúlteros e assassinos. Davi, conhecido como o homem segundo o coração de Deus, caiu em pecado de maneira extraordinária. Tirou vantagem de sua posição e poder e cometeu o ato hediondo contra Bate-Seba e seu marido, um homem que permaneceu leal a ele. Foi um ato contra o próprio Deus. Ele cometeu erros desastrosos e de grande abrangência.

Mas qual foi a parte de Bate-Seba nessa história? É possível ver a graça de Deus através de sua vida?

Bate-Seba é uma das cinco mulheres mencionadas na genealogia de Jesus no primeiro capítulo do evangelho de Mateus. Ela era uma jovem bem relacionada, de uma família militar. Era neta de um dos conselheiros militares de Davi, filha de um guerreiro que fazia parte do grupo de elite chamado "Os Trinta". E se casou com outro militar de renome, Urias, de modo que sua vida estava cheia de homens que sabiam como lutar.

Ela também era linda. Davi ficou tão atraído por ela que seu desejo o arrebatou. Seria ela uma vítima? Seria em algum aspecto cúmplice de Davi?

A narrativa bíblica diz que Davi a viu e a desejou. Usou seu poder e sua influência sobre ela. Ele era uma pessoa de confiança na vida de Bate-Seba, de modo que ela teria obedecido imediatamente às suas ordens para que fosse ao palácio. Era uma honra ser convidada para ir até lá. Mas talvez estivesse assustada. Será que ela pensou que havia notícias das linhas de batalha? É bem provável que estivesse ansiosa, mas não tinha medo do rei. Ela respeitava Davi. Ouvia histórias de seu triunfo sobre Golias desde sua infância. Ouvira sobre Davi ter sido ungido por Samuel, a maneira como Saul perseguiu Davi e a forma como Davi não desonraria o rei ou Deus. Estava maravilhada diante daquele guerreiro poderoso e daquele homem de Deus. Seu marido, Urias, sem dúvida havia contado histórias das batalhas em que lutaram juntos, sobre o valor de Davi e de seus seguidores, a lealdade e a confiança que haviam se desenvolvido entre aqueles irmãos de guerra. Assim, quando foi chamada a comparecer perante o rei, ela não hesitou.

Não sabemos que tipo de avanço Davi realizou, ou se Bate-Seba resistiu. Toda a cena, a conversa deles, a sedução ilícita, nada disso é revelado. Isso é coisa de romances adocicados. Davi a forçou? Ela resistiu? Será que, no início, colocou objeções, mas foi vencida por sua força e paixão, ou as palavras dele foram suficientes? Somos apenas informados de que Davi se deitou com ela.

Alguns já acusaram Bate-Seba de ser indecente, de ter sido indiscreta enquanto realizava uma lavagem ou banho cerimonial. Isso é quase o mesmo que dizer "ela mereceu". Talvez ela pudesse ter se banhado numa câmara interna, oculta de qualquer possibilidade de ser vista por alguém postado no telhado. Outros conjecturam que Bate-Seba era uma sedutora, que atiçou Davi propositadamente a fim de conseguir acesso ao palácio.

Seja qual for a verdade, Davi é responsabilizado. Nenhuma mulher merece ser tratada como objeto. Quando a viu se banhando, ele fez a opção pelo pecado e cobiçou aquilo que não tinha e, em apenas uma noite, destruiu a lei de Deus.

Esse é o oposto da graça porque incita, enlaça, o coração e leva a pessoa para longe de Deus. Assim que é abraçado, o pecado leva à morte espiritual e espalha dor e sofrimento a todos os envolvidos. A graça, porém, concede libertação do pecado e de seu processo destrutivo, e, quando é abraçada, leva à vida e dá vida a outros.

Quando Bate-Seba chegou, esse homem que tinha esposas e concubinas (algo que levanta ainda mais perguntas) tomou aquilo que não tinha. Ele cobiçou o que não era seu.

Se Davi pudesse ter previsto as amplas consequências de seu pecado, será que teria feito outra escolha? O resultado desse fracasso moral em sua vida afetou a criança que foi concebida, afetou Bate-Seba, Urias foi morto e Davi envolveu os próprios irmãos de guerra num assassinato. O que isso fez ao moral das tropas? Davi realmente chamou Urias de volta da frente de batalha na esperança de que dormisse com sua esposa e acobertasse o pecado do rei, mas Urias não faria isso. A lealdade dele para com seus homens selou seu destino. Leia o relato detalhado do que aconteceu depois desse evento e os danos ocorridos no restante da família de Davi.

Sim, Davi foi perdoado. Davi recebeu misericórdia e graça. Mas as consequências dos seus erros — não apenas o adultério e o assassinato, mas o mau uso de seu poder e de sua autoridade para obter o que não era dele — foram muito além de afetar apenas Davi.

Bate-Seba perdeu seu marido e ficou de luto. Enquanto lidava com seu pesar, a criança crescia dentro dela, um lembrete constante do que fora feito. Natã, o profeta, dissera a Davi: "O SENHOR perdoou o seu pecado. Você não morrerá. Entretanto, uma vez que você insultou o SENHOR, o menino morrerá" (2Sm 12.13-14). O arrependimento de Davi trouxe perdão, mas as consequências de suas ações trouxeram morte.

Se você acha que a imoralidade afeta apenas a pessoa que a comete, pense novamente. A pornografia tem efeitos devastadores e negativos sobre um coração, sobre os relacionamentos e sobre a família. O adultério não afeta apenas os dois envolvidos no ato sexual. Vidas são destruídas por conta da paixão momentânea.

Enquanto a criança crescia e chutava, Bate-Seba deve ter sentido que pelo menos poderia cuidar daquele pequenino e amá-lo. Por tudo o que havia perdido, tudo o que lhe fora tirado, certamente Deus permitiria que ela tivesse essa pequena consolação. Que nome dariam a ele? Seria ela capaz de olhar para ele anos mais tarde e não sentir vergonha e tristeza?

Ela teve a criança, a viu mamar e então, a viu adoecer. Davi implorou a Deus vestido com pano de saco e cinza, jejuou e passou noites clamando pela vida da criança. No sétimo dia, as palavras do profeta se cumpriram, e o menino morreu.

Como você reagiria a essa perda se estivesse no lugar de Bate-Seba? Seu pesar se transformaria em amargura? Você descontaria em Deus? Gritaria com ele e perguntaria por quê? Você o acusaria de causar mal?

Deus poderia ter feito com que aquela criança nascesse morta. Poderia ter atingido a criança imediatamente após o nascimento. Mas Deus permitiu que a criança vivesse por sete dias. Por quê? Não podemos saber a resposta, mas, onde o julgamento e a justiça de Deus caírem, procure também pela graça de Deus, pois ela está lá.

Você já sentiu o julgamento de Deus sobre sua vida? Já viu os efeitos de suas escolhas ruins atingindo as pessoas que você ama? Como você evita se afundar na culpa, na vergonha, na ira e na amargura?

Vamos voltar à pergunta inicial deste capítulo. Deus está bravo com você? Ele o está punindo por algo que você fez? Deus está derramando sua ira sobre alguém a quem você ama por causa do erro que você cometeu?

É uma característica humana questionar a bondade de Deus. No jardim, Eva foi tentada com palavras torcidas pelo inimigo de Deus. "Foi isto mesmo que Deus disse...?" Assim que você questiona a bondade de Deus, assim que você deixa esse pensamento gotejar lentamente nas águas paradas de sua mente, você termina conseguindo uma poça de água podre.

A graça é uma escolha. Ela começou como uma escolha no coração de Deus para estender amor a pessoas errantes. A graça nos encontra em nossa mais profunda necessidade: nosso fracasso. Ela entra em nossa vida como entrou na vida de Bate-Seba, no seu momento mais vulnerável. Grande perda. Grande pecado. Será que ela escolheria confiar em Deus, acreditaria na verdade sobre ele e receberia sua graça? Ou, em vez disso, lutaria para compreender o porquê e seguiria na direção da ira? Por mais profundo e difícil que tenha sido, esse momento decisivo para Bate-Seba forçou-a a escolher. Diante do arrependimento de Davi, será que ela acreditaria na verdade sobre Deus e receberia sua graça, se entregaria a ele, até mesmo no meio de seu questionamento?

Sejam quais forem as circunstâncias, não importa quais evidências estejam diante de você, Deus está perguntando se você acreditaria nele em vez de naquilo que você consegue entender sobre sua vida. Ele não promete melhorar todas as coisas da vida ou dar a você uma compreensão sobre a razão de ele ter feito o que fez. Mas ele de fato oferece sua graça no meio da tempestade.

Pedro, o discípulo de Jesus, estava exercendo grande fé quando pisou fora do barco e caminhou sobre a água na direção do Mestre. Mas, quando as ondas se levantaram, ele deviou os olhos de Jesus e olhou para as circunstâncias, começando a afundar.

A pergunta que Deus fez a Bate-Seba, a pergunta que Jesus fez a Pedro, é a mesma pergunta que é feita a você hoje.

Você irá crer? Confiará sua vida à graça de Deus?

> Depois Davi consolou sua mulher Bate-Seba e deitou-se com ela, e ela teve um menino, a quem Davi deu o nome de Salomão. O SENHOR o amou e enviou o profeta Natã com uma mensagem a Davi. E Natã deu ao menino o nome de Jedidias.
>
> 2Samuel 12.24-25

Que diferença entre as duas histórias. Durante o primeiro encontro deles, Davi cobiçou e, então, obteve o que queria. Aqui, Davi a consola e faz amor com Bate-Seba. A mudança em seu coração fez com que ele agisse diferentemente em relação à mulher que ele transformou em sua esposa. Isso é a graça de Deus.

Bate-Seba faz parte da genealogia de Jesus. Ela é a mulher quebrantada cujo marido foi morto, cujo filho pequeno morreu, cujo segundo filho se tornaria o futuro rei.

Bate-Seba. Davi. Salomão. Todos ancestrais de Jesus.

Todos são evidência da graça de Deus.

CAPÍTULO 7

A RESPOSTA À MAIOR PERGUNTA

Salomão

Diga o nome Salomão e você terá falado de sabedoria. Salomão é sinônimo de riqueza, poder e esplendor. Ele construiu o templo de Deus que foi uma das maravilhas do mundo antigo. Seu pai era conhecido como guerreiro, mas Salomão ganhou fama por sua sabedoria, suas posses e as bênçãos de Deus.

Salomão também é conhecido pelos excessos. Teve muitas esposas e concubinas. Foi atrás de mulheres e de seus deuses. Idolatria. Esse homem conhecia a sabedoria e tinha discernimento. Para duas mulheres que diziam ser a mãe de uma criança, Salomão promulgou a sentença de cortar a criança ao meio. A reação das duas mulheres revelou a verdade sobre o coração delas e mostrou quem era a mãe verdadeira.

Infelizmente, o coração de Salomão permaneceu dividido, e o reino de Israel enfrentaria o mesmo destino depois de sua morte. Os próprios membros de sua família lutaram uns contra os outros pelo controle do trono depois da morte de Davi, seu pai. O caos e o conflito se derramaram sobre o destino deles, como se o pecado de outros estivesse sendo visitado, juntamente com abundantes bênçãos de Deus.

Mas logo no início do reinado desse rei, uma conversa com Deus mostrou uma perspectiva diferente do homem. Embora Salomão pendesse para o excesso, Deus faria uma pergunta penetrante, e Salomão responderia com um impressionante discernimento do coração de Deus.[8]

QUEM É VOCÊ?

Muitas pessoas nunca respondem a essa pergunta. É muito difícil. Em vez disso, respondem a outra diferente, em torno da qual fica mais fácil quantificar e embrulhar a vida. A pergunta é:

"O que você faz?"

Sou contador. Sou engenheiro. Sou músico. Sou mãe em tempo integral. Vendo carros, ou computadores, ou seguros. Sou pastor. É isso o que faço todos os dias. É isso o que sou.

Não, isso não é o que você é. O que você faz nunca é o que você é. E você viu essa verdade refletida na vida de santos do Antigo Testamento, na vida de homens e mulheres na linhagem de Jesus. Nunca tem a ver com o que você fez ou o que foi feito a você, que potencial você tem ou deixa de ter. Não tem a ver com quem são os seus parentes, nem com quem você não tem parentesco. A linhagem é uma parte do plano, é claro, mas ela não determina dignidade ou valor aos olhos de Deus.

"Quem é você?" é uma pergunta muito mais profunda. Ela minera um estrato diferente, subterrâneo, do coração.

Em que você confia? O que dá significado a sua vida? O que lhe dá propósito e sentido? O que o move? Por que você faz o que faz da maneira que faz?

Quem é você?

Talvez você tenha passado anos, até mesmo décadas, definindo a si mesmo, vendo a si mesmo, à luz das escolhas que fez ou dos reveses que experimentou. Você procurou conforto, confiando em alguma habilidade, algum nicho escavado em sua vida. Você juntou tudo isso — quem você é, o que você faz, o que já fez, realizações, fracassos — e assentou-se em uma vida, como sedimento no leito de um rio, e ficou satisfeito com o lugar onde está porque assim são as coisas, e sempre serão. Não lute contra isso. Simplesmente acostume-se aos sentimentos. E, uma vez que cada segmento da vida é vulnerável a essa pergunta, faz sentido medir sua vida espiritual dessa maneira.

Quem é você espiritualmente?

Eu sou um cristão. Frequento a igreja da esquina. Leciono na classe da escola dominical há anos. Leio a Bíblia todos os dias. Contribuo para organizações missionárias. Ajudo a distribuir sopa aos carentes uma vez por mês. Faço trabalho voluntário no centro de apoio a mães solteiras. Tento viver uma vida boa. Estou tentando pecar menos a cada ano. Tenho uma lista de coisas boas que, espero, exceda em número a lista das coisas más. Acostumei-me ao pecado na minha vida, mas ele não está ferindo ninguém.

Isso não é o que você é como cristão. É o que você fez e o que está fazendo em termos espirituais. Isso é como você mede seu relacionamento com Deus, mas não quem você é.

Deus não está procurando o que você pode oferecer a ele. Isso pode soar pouco espiritual e bem chocante, pois muitos acreditam que Deus deseja e precisa daquilo que você está oferecendo. Por toda a sua vida as pessoas querem coisas e o julgam pela maneira como você atende às expectativas delas. Não seria razoável pensar que Deus é do mesmo jeito?

A notícia realmente ruim é esta: Deus quer mais do que aquilo que você pode oferecer. Ele quer perfeição. E você não é perfeito.

Agora, às boas notícias, que são realmente boas. Deus quer que você "seja" quem você foi criado para ser — tudo o que você foi criado para ser. E, ao viver com base em "quem você é", você é capacitado a fazer tudo o que foi criado para fazer. Deus quer fazer algo mais profundo do que mudar a superfície da sua vida ou fazer com que você meça sua caminhada com ele em um "pecadômetro" ou num "gráfico de realizações".

A maneira de Deus trabalhar é por meio de sua inesperada graça. A perfeição que ele deseja é algo que ele dá a você. Somente o poder que ele possui levará você ao lar, ao coração dele, e ao seu eu verdadeiro, à pessoa que você foi criado para ser. A graça o libertará da necessidade de se adequar ao padrão, de se ajustar, de realizar.

O texto de Efésios 2.8-9 deixa claro que você foi trazido para a família de Deus pela graça de Deus. Foi ele quem lhe deu esse presente. Você não o comprou. Você não poderia pagar por ele com uma vida correta. É algo fora de sua faixa de preço, fora dos limites de sua capacidade de pagamento. Foi ele quem realizou isso. Você crê naquilo que ele diz sobre você e coloca fé e confiança plenas em Jesus Cristo, permitindo que ele o transforme do interior da sua alma para suas atitudes externas, pela graça dele.

Você não foi criado para viver uma "vida boa e moral". Você foi criado por Deus e redimido por Cristo com o propósito de fazer boas obras que o próprio Deus preparou antecipadamente para você realizar com o objetivo de trazer glória a ele. Ele o criou e redimiu para propósitos específicos, e seu coração não terá descanso até que você descubra a liberdade de seguir esse caminho repleto de graça. É algo que você deve escolher seguir. Seu coração desejará coisas menores, um caminho mais quantificável. Você será atraído a agradar a Deus ao fazer coisas para ele, ao tentar fazê-lo feliz, tal como as pessoas com quem convive, porque é assim que você se sente feliz.

Absorva essa verdade. Deus estava pensando em você mesmo antes de você nascer e planejou coisas para tecer na tapeçaria da sua vida, as quais você um dia realizará. Isso acontece porque sua inesperada graça fez de você quem você é. A graça extravagante de Deus lhe deu a virtude do seu Filho. Ele não poderia estar mais feliz com você. Ele o vê como perfeito, revestido da santidade do próprio Jesus. Ele não planejou para você coisas que o farão ganhar pontos com ele ou parecer "melhor" aos olhos dele. Ele tem planos para você que vêm de quem você é nele; planos que farão você chegar mais perto dele.

SENDO ASSIM, pergunto novamente: Quem é você?

A pergunta penetra em seu coração. Está no centro da pergunta de Deus a Adão no jardim. Deus não estava simplesmente perguntando "onde você está?". Deus sabia muito bem onde Adão estava. Ele estava perguntando: "Adão, quem é você agora? Você sabe o que aconteceu com nosso relacionamento?". Para Bartimeu, o homem cego, Jesus perguntou: "O que você quer que eu lhe faça?". Em outras palavras, o que está no seu coração, qual é o desejo mais profundo que posso satisfazer para atender à necessidade da sua alma e tranquilizar seu coração ansioso?

Deus está fazendo a mesma pergunta a você, de muitas formas, todos os dias. Qual é a sua necessidade mais profunda? Qual é o seu verdadeiro anseio?

O Senhor submeteu Salomão a um grande teste ao fazer-lhe uma pergunta tão profunda. Você provavelmente conhece esse grande rei de Israel. Ele foi considerado o homem mais sábio que já viveu. Leia o livro de Provérbios e você verá a sabedoria antiga que ele possuía e transmitia. Suas palavras soam verdadeiras hoje em todas as esferas da vida. Mas Salomão teve uma dura batalha ao responder à pergunta lançada por Deus.

Salomão foi o segundo filho de Davi com Bate-Seba. Seu irmão mais velho havia morrido quando tinha sete dias de vida. O relacionamento de sua mãe e seu pai começou pelo adultério, o que levou Davi a matar Urias, o marido de Bate-Seba. Davi tomou Bate-Seba como esposa e, depois de um período de luto, Salomão foi concebido e nasceu numa família da realeza, porém bastante disfuncional.

Salomão tinha lutas intrafamiliares, um legado de um pai guerreiro e uma luta com mulheres — porque parecia querer tantas esposas quantas pudesse encontrar. Seguiu o bom conselho de seu pai, mas ainda assim sacrificou e queimou incenso nos lugares altos. Construiu a própria casa antes mesmo de começar a construir a casa de Deus. Grande parte da vida de Salomão se parece com um coração dividido.

Apesar de tudo, Deus apareceu a Salomão e disse: "Peça-me o que quiser, e eu lhe darei" (1Rs 3.5).

Aquilo não foi um cheque em branco, mas uma sondagem. Não era Deus como o gênio da lâmpada, mas Deus testando o que de fato havia no coração de Salomão. O que ele realmente desejava. A pergunta expôs Salomão como nenhuma outra. É interessante notar que a pergunta não é feita quando ele está acordado, mas em um sonho, enquanto Deus observa em profundidade a vida desse filho de uma mulher adúltera, de um homem segundo o coração de Deus, filho de um pai dividido.

Veja o que encontramos no coração de Salomão:

> Salomão respondeu: "Tu foste muito bondoso para com o teu servo, o meu pai Davi, pois ele foi fiel a ti, e foi justo e reto de coração. Tu mantiveste grande bondade para com ele e lhe deste um filho que hoje se assenta no seu trono.
>
> "Agora, SENHOR, meu Deus, fizeste o teu servo reinar em lugar de meu pai Davi. Mas eu não passo de um jovem e não

sei o que fazer. Teu servo está aqui entre o povo que escolheste, um povo tão grande que nem se pode contar. Dá, pois, ao teu servo um coração cheio de discernimento para governar o teu povo e capaz de distinguir entre o bem e o mal. Pois, quem pode governar este teu grande povo?".

1Reis 3.6-9

A resposta de Salomão agradou a Deus. Nela Salomão revelou sua maior necessidade, sua incapacidade. Ele está admitindo que não estava à altura da tarefa de liderar os israelitas. Ele se humilhou, e Deus ama um coração humilde. Salomão começa sua resposta entendendo sua relação com Deus. Em essência, ele estava dizendo: "O Senhor é Deus, e eu não sou. Estou necessitado, e tu és o único que pode me capacitar para realizar aquilo de que a nação precisa".

Quando você for a Deus com essa atitude, ele ouvirá e responderá.

Depois de reconhecer sua necessidade, Salomão entrega a Deus seu pedido. Ele não foi tímido. Não reteve nada. "Não têm, porque não pedem" (Tg 4.2). Salomão poderia ter pedido muitas coisas, mas seu pedido foi muito mais profundo, tocando o que ele mais precisava. Ele pediu discernimento, a habilidade de diferenciar o certo do errado.

Você pediria isso? Qual é a maior necessidade que você tem neste momento na vida? São as suas finanças? Você teria pedido dinheiro a Deus para pagar sua casa? Talvez um pouco para fazer um pé-de-meia para a aposentadoria? Teria implorado pela salvação de um membro da família ou de um amigo? Talvez cura para si mesmo ou para alguém que você ama? Teria pedido o cônjuge perfeito?

Salomão poderia ter pedido qualquer coisa debaixo do sol, mas admitiu que era deficiente e pediu ajuda. Lá no fundo, debaixo de toda dificuldade e fraude, debaixo das camadas de disfunção familiar, da dependência e das esposas e concubinas, o coração de Salomão desejava a sabedoria verdadeira. E Deus a concedeu, além de mais coisas.

Isso é graça de Deus derramada. É Deus respondendo a um pedido de um coração desejoso.

> Por isso Deus lhe disse: "Já que você pediu isso e não uma vida longa nem riqueza, nem pediu a morte dos seus inimigos, mas discernimento para ministrar a justiça, farei o que você pediu. Eu lhe darei um coração sábio e capaz de discernir, de modo que nunca houve nem haverá ninguém como você. Também lhe darei o que você não pediu: riquezas e fama, de forma que não haverá rei igual a você durante toda a sua vida. E, se você andar nos meus caminhos e obedecer aos meus decretos e aos meus mandamentos, como o seu pai Davi, eu prolongarei a sua vida". Então Salomão acordou e percebeu que tinha sido um sonho.
>
> 1Reis 3.11-15

Mas a graça de Deus foi real. E ele fez o que disse que faria. E ele fará o mesmo na sua vida.

Não importa quão longe você se afastou dele, não importa quanto valor você deu a coisas, saúde ou riqueza, Deus está pronto para dar-lhe boas-vindas e sabedoria para as tarefas que estão à frente. Ele está disposto a estender sua graça.

Infelizmente, quando Salomão envelheceu, esse homem sábio que era rei de Israel terminou se casando com centenas de mulheres pagãs e trazendo-as para a terra de Israel. Ele não obedeceu a Deus. Seu coração estava dividido como o reino que ele passou aos seus descendentes.

Mesmo assim, esse é um ancestral de Jesus. Essa é a linhagem da graça de Deus.

Quem é você? O que você quer de Deus?

Ele oferece sua graça, neste exato momento. O que impede você de recebê-la?

Parte 3

Estendendo a graça de Deus

Oh, o amor que esboçou o plano da salvação! Oh, a graça que o levou aos homens! Oh, que abismo profundo Deus cobriu no Calvário!

William R. Newell

CAPÍTULO 8

ELE QUASE NÃO VIU A GRAÇA NUMA MANJEDOURA

José

Ele é carpinteiro em Nazaré. Um homem trabalhador, com mãos ásperas e unhas quebradas numa cidade obscura no interior de Israel. Suando junto a sua bancada todos os dias, serrando, ele às vezes ouve os passos dos soldados romanos. Ouve notícias dos que viajam para Jerusalém. A dominação do exército estrangeiro se estende sobre a terra e o povo. É comum ele pensar no Prometido, o Messias. Ele espera pela consolação de Deus, tal como o restante de Israel, mas sua existência rotineira o leva de volta à tarefa que precisa ser concluída. Faça a próxima atividade. Continue trabalhando.

Ele estava ansioso para se casar e iniciar uma família. Trabalhava bastante para se colocar em posição de sustentar uma esposa e os filhos que tinha esperança de que viriam, se Deus abençoasse. A família dele escolheu uma esposa, e ele tem sido paciente, tão paciente quanto um homem pode ser. Ele já ouviu muitas coisas boas sobre sua prometida, a jovem chamada Maria. E ele é um homem justo. Um homem casto. Vivia de acordo com as leis de seu povo, de seu Deus, embora soubesse que não era perfeito. Quem pode realmente ser santo, como Deus?

Então José ouve notícias que abalam seu mundo. Ele inclina a cabeça para baixo, e o suor cai sobre a madeira diante dele como lágrimas. Como poderia ser isso? Como ela poderia tê-lo tratado daquela forma? Maria está grávida. Ele ouvira que ela era uma jovem maravilhosa, que daria uma excelente esposa. Agora, o sonho está destruído.

Ele está irado, está incrédulo e, então, fica simplesmente desapontado com aquilo que a vida lhe aprontou. Naquele momento crítico, no meio da dor e da ferida, ele pensa nela. Imagina a vergonha e a culpa que ela sente por causa de sua falta de discrição. Pensa em como ele gostaria de ser tratado numa situação assim, com alguma aparência de compreensão e misericórdia. Assim, ele empurra seus sentimentos para o lado, bem como as vozes daqueles que lhe dizem que ela deveria ser apedrejada. Em vez disso, ele absorverá a dor. Ele cuidará disso quietamente, poupando-a de mais dor e vergonha. Ele não a ridicularizará nem jogará pedras nela. Ele a tratará com honra e respeito, ainda que ela não mereça.

Exausto e quase caindo na cama, José dorme e, durante o sono, um anjo o visita. O ser lhe fala palavras fantásticas. Como muitos anjos fizeram no decorrer dos séculos, esse lhe diz para não ter medo. Diz que não deveria ter medo de receber Maria como sua esposa porque...

José desperta. Será que é verdade? Maria, ainda uma virgem, e a criança dentro dela concebida por Deus, o Espírito Santo? A criança é um menino. O nome do menino é Yeshua, *ou Jesus, pois ele salvará seu povo de seus pecados. O Prometido será seu enteado. Deus conosco. Emanuel. Deus lhe dá de presente a oportunidade e a responsabilidade de criar o Filho de Deus.*

Pode ser? Será que isso está acontecendo? O que José fará?[9]

Como você sabe que recebeu a graça de Deus? Você não recebe uma notificação pelo correio nem uma confirmação por telefone. Deus não faz com que você brilhe no escuro nem lhe dá um halo. Mas existe um sinal revelador de que você recebeu graça e está caminhando nela.

Quando Deus invade, quando sua graça irrompe, mudanças sutis se iniciam. Você vê o mundo de maneira diferente. Você vive em gratidão pela graça, não usa sua liberdade como licença para pecar. Seu mundo é iluminado pela verdade, e Deus começa a lenta e inexorável atração do seu coração rumo ao dele. Quanto mais perto de Deus você chega, mais mudanças você vê.

Quando a graça se estabelece, você para de se esforçar para obter o favor de Deus. Você sabe que o possui. Sabe que pode descansar no amor dele. Ao descansar, você se vê de maneira diferente. Não vive mais para agradar apenas a si mesmo. Sua vida olha para fora e pergunta: "O que é melhor para a outra pessoa?".

O pastor e escritor Chip Ingram tem uma citação que usa para descrever o amor verdadeiro: "Dar a outra pessoa, por meio de grande custo pessoal, o que ela mais precisa quando ela menos merece".[10]

A inesperada graça de Deus era o que mais precisávamos. Ela nos foi dada quando menos merecíamos, pois "Cristo morreu em nosso favor quando ainda éramos pecadores" (Rm 5.8). Isso nos foi dado mediante grande custo pessoal. Custou a Jesus sua vida para que nós recebêssemos esse presente indescritível. Aquele que não tinha pecado tornou-se pecado por nós, para que pudéssemos ser feitos justos.

A graça nunca é gratuita. Ela sempre custa algo para alguém.

Graça significa que você não confia em seu entendimento, em sua habilidade ou em sua bondade. Deus o aceita, o ama e o envolve, dando-lhe boas-vindas a sua família não por causa de qualquer coisa que você tenha feito para obter esse direito, mas por causa do amor que tem por você. Esse constructo significa que Deus recebe a glória, e você participa recebendo a graça.

Mas a graça não termina aí. A graça não é um meio para um fim, mas um início. A graça brotará de um coração perdoado.

O sinal revelador de que a graça enfim brotou é que você começará a dá-la a outros como Deus a deu gratuitamente a você.

Isso nos leva à história de José. Embora não tivesse parentesco de sangue, ele foi escolhido por Deus para ser o representante terreno de um pai para Jesus.

Não sabemos muita coisa sobre José. O evangelho de Mateus declara que ele era "um homem justo" (1.19). Tinha o ofício de carpinteiro e estava comprometido com Maria até que foi informado de que ela estava grávida.

A promessa de casamento na cultura judaica era diferente do noivado em nossa cultura. A promessa de casamento era o sinal de um contrato entre duas famílias que haviam decidido que seus dois filhos se casariam um com o outro. E, uma vez que o contrato estivesse assinado, era considerado um vínculo. Mas o casal não se juntava até que houvesse uma cerimônia de casamento. E às vezes ela acontecia meses ou até um ano depois da assinatura da promessa. Então era realizada a cerimônia e, assim, a consumação do casamento.

Maria e José estavam prometidos. O contrato fora assinado por seus pais. Você não sai de um contrato senão por um divórcio, e o propósito desse período de promessa é ser um tempo de experiência para assegurar que as duas famílias ainda estão felizes com o acordo e para garantir que o casal viveu em fidelidade, embora tenham tido pouco contato social.

Quando José soube que Maria estava grávida, percebeu que não tinha opção. Ela havia rompido o contrato. Mas a maneira como ele lidou com a situação nos mostra um pouco do seu caráter. Suas ações demonstram que ele não queria expô-la à desgraça pública, de modo que pensou: "Irei simplesmente ao advogado. Faremos isso a portas fechadas e deixaremos que as coisas aconteçam quietamente".

Não sei quanto a você, mas, se eu fosse José, não sei se reagiria dessa forma. Se a mulher fosse infiel comigo no caso de estarmos comprometidos a nos casar, não estou certo de que ficaria preocupado com a desgraça dela. Ela me desgraçou. Penso que eu apontaria o dedo e jogaria pedras. Mas José não fez isso. Nem mesmo em sua mente ele fez isso. Ele queria ser afável.

Isso me diz que José amava Maria. Ele não queria difamá-la a despeito do fato de ela o haver desonrado. Era assim que ele enxergava a situação.

Pode-se imaginar, anos mais tarde, Jesus se encontrando com os fariseus e os líderes religiosos que adoravam usar seu zelo para com as regras a fim de se imporem. A história que Maria, sua mãe, contou sobre José era tão diferente daqueles homens. A mulher pega em adultério curvou-se diante daqueles homens "justos", mas Jesus os mandou embora com algumas poucas palavras, e estendeu graça a ela. Teria ele visto esse tipo de amor no coração de seu pai terreno?

Será que o menino Jesus pediu a sua mãe que lhe contasse de novo a história sobre seu pai, que decidiu anular o casamento secretamente? A história foi contada porque era central para o histórico da família. Era parte do álbum da família. José não sucumbiu à pressão de mostrar a Maria quão poderoso ele poderia ser. Esse não era o jeito dele.

Por quê?

José trabalhava com as mãos. Sem dúvida tinha dedos tortos e unhas das mãos partidas. Sua pele era áspera, e seus músculos, testados pelos anos de trabalho duro. Talvez ele tivesse uma aparência grosseira, insensível — mas suas ações para com Maria mostram um coração de bondade e amor mesmo diante do maior desapontamento.

Embora José tivesse o direito de transformar Maria em um "exemplo", de apedrejá-la por alta traição contra seu coração, ele escolheu um caminho diferente, indo na direção contrária à tradição, possivelmente mediante alto custo pessoal. As pessoas daquela cidade pequena provavelmente olharam para ele com lábios franzidos e balançaram a cabeça. Como ele se recuperaria de tal traição?

Em vez de desgraçá-la, ele absorveria a dor. Ele estenderia graça.

Não é possível saber com base no texto se Maria contou explicitamente a José o que havia lhe acontecido, se ele descobriu e a questionou, se outra pessoa da família descobriu o fato e, com tristeza, contou a José, talvez como um pedido de oração. "Odeio ser a pessoa a lhe contar isso, mas acabei de ouvir que...".

Parece plausível que Maria tenha pelo menos tentado explicar a visita do anjo Gabriel e a notícia chocante que recebeu, a notícia mais chocante da sua vida, a de que o próprio Deus estava chegando para ficar à vontade em seu ventre. Maria temeu o que José poderia fazer com a notícia de que ela estava grávida? Ele certamente saberia que não era seu filho, uma vez que eles não haviam tido contato físico.

Mas Maria não havia cometido um erro. Ela simplesmente fazia suas atividades rotineiras, seguindo a enfadonha, cotidiana e miserável vida na Nazaré do século I. Então, a graça de Deus veio sobre ela, surpreendeu-a, impressionou-a. Ela estava esperando — o país inteiro esperava havia centenas de anos — pelo Prometido, o Libertador de Israel, o Messias, o Cristo. E, agora, ele estava chegando. Que notícia alegre, mas tão incompreensível. Maria daria à luz o Libertador. Dela nasceria o grande EU SOU. Essa notícia era grandiosa demais para compreender; como poderia ter esperança de transmiti-la a seu noivo? Como faria para que ele cresse, para que acreditasse nela?

ALGO QUE PODEMOS aprender dessa história é que não depende de nós fazer com que alguém entenda. A graça não tem a ver com convencer outros a crerem. Isso é algo que somente Deus pode fazer. Devemos ser fiéis à mensagem da graça e à expressão da graça. Deus cuida do restante.

É difícil acreditar na graça. A graça, quando é concedida em sua plenitude, coloca sua vida no prumo. A graça de Deus, quando derramada em seu coração, muda tudo, como fez com Maria e José.

A resposta de José é evidência de que Deus já trabalhava em seu coração. Você não pode conceder esse tipo de graça se não a tiver recebido. É difícil amar quando você nunca experimentou tal coisa. Dar graça quando você nunca a recebeu é como tentar falar um idioma estrangeiro sem nunca sequer tê-lo escutado. É tirar água de um poço seco. Impossível.

Deus escolheu José porque havia algo bom nele? Deus sabia que o carpinteiro estaria aberto à ideia de estender bondade e generosidade a Maria? Como temos visto nas histórias das pessoas que fazem parte da linhagem de

Jesus, cada uma teve os próprios pecados e lutas. E, uma vez que era membro da raça humana, José tinha problemas. Não sabemos quais eram eles. Mas sua primeira reação é lavar as mãos em relação ao problema. Ele não iria ferir Maria e seu filho ainda não nascido, mas também não assumiria responsabilidade. Ele estava fugindo do problema. Ele estava tocando a vida em frente.

Deus não procura o que você pode lhe oferecer. Por repetidas vezes vemos isso na vida dos santos. Deus usa nossa fraqueza e incapacidade. Deus toma mãos ressecadas e olhos cegos e dá glória a si mesmo. Ele pega um pouco de pão e alguns peixes das mãos de uma criança e os transforma num banquete. Pega água colocada em jarros de pedra e a transforma no mais delicioso vinho servido no casamento. Pega um homem acorrentado numa caverna, o flagelo da cidade, e o transforma num evangelista de mente clara e perspicaz.

> Irmãos, pensem no que vocês eram quando foram chamados. Poucos eram sábios segundo os padrões humanos; poucos eram poderosos; poucos eram de nobre nascimento. Mas Deus escolheu o que para o mundo é loucura para envergonhar os sábios, e escolheu o que para o mundo é fraqueza para envergonhar o que é forte. Ele escolheu o que para o mundo é insignificante, desprezado e o que nada é, para reduzir a nada o que é, a fim de que ninguém se vanglorie diante dele. É, porém, por iniciativa dele que vocês estão em Cristo Jesus, o qual se tornou sabedoria de Deus para nós, isto é, justiça,

santidade e redenção, para que, como está escrito: "Quem se gloriar, glorie-se no Senhor".

1Coríntios 1.26-31

Foi isso o que aconteceu a José. Em sua força e poder, em sua maneira de enxergar o mundo, ele teria fugido da tarefa de ser o padrasto do Príncipe da Paz. Que erro trágico! Em pé ao lado de sua esposa, olhando para o recém-nascido, concebido por obra do Espírito Santo, José deve ter olhado para o céu noturno de Belém e sussurrado: "Eu quase perdi tudo isto". Quando os magos vieram trazendo presentes para o Rei dos reis, quando os pastores apareceram na cidade dizendo o que haviam ouvido dos lábios dos anjos, José deve ter se maravilhado diante da pequena linha que o manteve conectado à cena. Ele quase se afastou de tudo aquilo.

Em vez disso, a graça de Deus invadiu, para a glória de Deus Pai. E o pequeno pedaço de graça que José ofereceu a Maria abriu as comportas da plenitude da graça que Deus queria levar ao próprio coração de José.

Ela sempre faz isso.

DEUS FAZ ALGO maravilhoso nessa história. Ele confirma a mensagem que deu a Maria e inclui José no grande projeto de sua obra no mundo.

Foi assim o nascimento de Jesus Cristo: Maria, sua mãe, estava prometida em casamento a José, mas, antes que se unissem, achou-se grávida pelo Espírito Santo. Por ser José, seu marido, um homem justo, e não querendo expô-la à desonra pública, pretendia anular o casamento secretamente.

Mas, depois de ter pensado nisso, apareceu-lhe um anjo do Senhor em sonho e disse: "José, filho de Davi, não tema receber Maria como sua esposa, pois o que nela foi gerado procede do Espírito Santo. Ela dará à luz um filho, e você deverá dar-lhe o nome de Jesus, porque ele salvará o seu povo dos seus pecados".

Tudo isso aconteceu para que se cumprisse o que o Senhor dissera pelo profeta:

"A virgem ficará grávida e dará à luz um filho, e o chamarão Emanuel", que significa "Deus conosco".

Ao acordar, José fez o que o anjo do Senhor lhe tinha ordenado e recebeu Maria como sua esposa. Mas não teve relações com ela enquanto ela não deu à luz um filho. E ele lhe pôs o nome de Jesus.

Mateus 1.18-25

A graça não é um sentimento. A graça é uma ação. A graça não é uma emoção. É uma decisão. Uma escolha. A graça é muito parecida com o amor envolvido em perdão, com pele em volta de si. A graça absorve a dor das faltas do outro e continua a amar.

A graça não é um conceito nebuloso e indefinido. Você talvez não consiga vê-la, tocá-la ou colocá-la sob um microscópio, mas seus efeitos são eternos. A graça muda tudo. E nada que a graça toca permanece igual.

Para estender graça, você deve possuí-la. Para possuí-la, você deve recebê-la. E, para recebê-la, você deve compreender a enorme necessidade que tem dela. Sem a graça, o favor imerecido de Deus, não temos esperança. Com a graça, tudo o que existe é esperança e amor.

O objetivo da graça não é fazer com que você se sinta melhor. O objetivo é fazer com que você seja mais semelhante a Jesus, mais como a graça personificada. Jesus foi a graça enviada. Conhecer Jesus é conhecer a graça. Seguir Jesus é experimentar graça. Amar Jesus é conceder graça.

CAPÍTULO 9

GRAÇA QUE TORNOU-SE CARNE

Jesus

Antes de Abraão. Antes de Adão. Antes de o mundo ser formado. Ele era. Antes do tempo. Na verdade, ele criou o próprio tempo.

E o plano perfeito de Deus, concebido antes da fundação do mundo, foi colocado em ação com uma palavra.

Ele falou, e o mundo foi criado. Ele falou, e houve luz. Ele falou, e águas se formaram, assim como a terra seca, e os pássaros alçaram voo e os animais se arrastaram sobre a face da terra.

Com uma palavra, ele realizou a criação e, então, em Belém, seu choro interrompeu a noite. O Criador de tudo desceu pelo canal de nascimento de uma virgem. O Elaborador do mais engenhoso plano de redenção de toda a história foi concebido pelo Espírito Santo.

Cheio de graça e de verdade, ele era a Graça e a Verdade. A Palavra que se fez carne. A linhagem de sua família, todas aquelas pessoas destruídas, com coração destruído, seriam consertadas por suas feridas, suas chicotadas e seu sangue.

Jesus, Filho de Deus, filho de Maria, plenamente divino, e também plenamente humano, falaria, e um homem morto voltaria à vida. Tocaria, e um cego passaria a ver. Pele leprosa se tornaria macia como a de um bebê. Pernas mancas e frouxas não mais ficariam penduradas sem esperança, mas seriam restauradas à plena força e a pleno potencial.

Mas o maior milagre que ele veio realizar não seria visto por olhos humanos, pois a mudança que veio trazer acontecia dentro daquele que o seguia. A garra do pecado, a influência do orgulho, o coração que não perdoa foi renovado pela inoculação da santidade de Deus. Aquele que não conheceu pecado tornou-se pecado para que eu e você pudéssemos receber sua justiça, seu viver correto.

Todos os profetas e patriarcas, homens e mulheres chamados por Deus antes de seu nascimento, esperavam ansiosamente sua vinda. E todos os seguidores desde então têm ansiosamente esperado sua volta.

Não espere. O Redentor chegou. O Messias, o Prometido, o próprio Deus, tem habitado entre nós e habitará com você. Hoje.

Graça maravilhosa e incrível.[11]

COMO VOCÊ PODE ver através das vidas que temos estudado por toda a Bíblia, a graça estava em ação para eles, neles e através deles. Deus deseja o mesmo para você. Por causa de seu amor e de sua misericórdia extravagantes, ele quer estender sua graça a outras pessoas por meio da sua vida. Por fim, Deus quer trazer glória ao único ser do universo que a merece: ele mesmo. É em torno disso que gira a graça: a glória de Deus. A graça foi o engenhoso plano de Deus para redimir sua criação, para trazer as pessoas de volta de sua rebelião e derrotar o inimigo de nossa alma. Consideraremos essa graça conciliadora e nos deleitaremos com as histórias por toda a eternidade.

Não foi ideia nossa. A graça não é algo que você e eu pudéssemos inventar, pois ela exige demais do Doador. Nossa inclinação é basear nossa bondade e nosso valor em coisas que fizemos, não nas coisas que Deus fez. Quantificamos nossa bondade, comparamos a nós mesmos com outros, fazemos uma lista de verificação e nos sentimos bem com a posição em que nos encontramos.

Isso é graça falsa, uma cópia barata que parece real, mas que não passa de uma imitação. A graça falsa acena com a cabeça diante do presente de Deus e, então, arregaça as mangas e depois se joga no levantamento de peso que é trabalhar para agradar a Deus, trabalhando para conseguir seu ingresso no clube.

A graça falsa é o nosso padrão de funcionamento porque é algo que nós construímos. Vem de nossa inteligência espiritual e faz a vida se encaixar numa categoria bem organizada. Eu faço coisas boas, Deus me recompensa e fico feliz. Faço coisas ruins, Deus fica irritado e fico triste. Tentarei fazer coisas boas para que eu possa ser feliz.

O problema é que as dificuldades surgirão na sua vida e você terá de lidar com coisas ruins que fazem você sentir a ira perpétua de Deus. A maneira como você define a graça terá um enorme impacto sobre como e por que você vive da maneira como vive. Se você viver para agradar a Deus com o propósito de fazê-lo realizar coisas, em algum momento se sentirá abandonado por Deus porque ele será apenas tão grande e tão santo quanto *você* puder torná-lo.

Deus não existe para fazer com que nos sintamos melhor. A graça de Deus não é concedida para nos dar felicidade, propósito ou significado. Propósito e significado vêm por abraçarmos a graça de Deus e deixarmos que ela trabalhe em nossa vida, não o contrário.

Sabemos por João 1 que

> No princípio era aquele que é a Palavra.
> Ele estava com Deus,
> e era Deus.
> Ele estava com Deus no princípio.
> Todas as coisas foram feitas por intermédio dele;
> sem ele, nada do que existe
> teria sido feito.
> Nele estava a vida,
> e esta era a luz dos homens.
> Aquele que é a Palavra tornou-se carne e viveu entre nós.
>
> João 1.1-4, 14

A Palavra era Jesus. A comunicação de Deus conosco, a revelação de sua essência vinda na forma humana, plenamente Deus e plenamente homem. Mas antes de a Palavra tornar-se carne, no conselho do Pai, do Filho e do Espírito Santo, antes do início do tempo, antes de qualquer coisa ter sido criada, por mais difícil que seja compreender isso, a Graça foi o meio escolhido para a redenção. O texto de

Apocalipse 13.8 fala sobre essa decisão. O Cordeiro "que foi morto desde a criação do mundo". O plano perfeito de Deus, aquele que lhe traria a maior glória, foi a graça. Antes mesmo de a tentação entrar na história, antes do pecado de Adão, ele decidiu que ele próprio assumiria a pena por todo aquele que crer.

Jesus não foi apenas a Palavra de Deus que tornou-se carne; ele foi a Graça de Deus que tornou-se carne. E agradou a Deus feri-lo, moê-lo e fazê-lo entregar sua vida sobre a cruz, não porque Deus fosse sádico e cruel, mas por causa de seu amor.

Quando Deus parecia calado por centenas de anos depois que as vozes dos profetas foram silenciadas, a Graça mudou-se do céu para uma manjedoura. A Graça vestiu panos. A noite do silêncio de Deus foi interrompida pelo choro de um bebê. A voz de Deus, não trovejando, mas vibrando as cordas vocais de uma criança.

A Graça caminhou descalça até a oficina de seu pai e viu o homem aplainar a madeira que um dia o ergueria do chão. A Graça aprendeu um ofício.

A Graça permaneceu no fundo no templo, ouvindo e se envolvendo com os mestres de tal maneira que estes ficaram maravilhados diante de suas perguntas e de sua sabedoria. A Graça cresceu em estatura e, exatamente no tempo certo, caminhou até a água e foi batizada.

A Graça escolheu discípulos, não pelo que eles haviam oferecido ao reino, mas por aquilo que o reino lhes oferecia.

E pela Graça eles foram enviados a um mundo mau e faminto, usados para virá-lo de cabeça para baixo para a glória de Deus.

A Graça tomou o pão e o peixe de um menino e os transformou numa festa para milhares. A Graça falou, e a água nos jarros se transformou em vinho selecionado.

Quando a Graça veio, trouxe consigo vida abundante. E todo aquele que a receber também recebe, por extensão, a missão da graça que se estende a toda tribo, nação e língua.

A Graça curou o homem paralisado sobre o tapete e respondeu às orações de seus amigos que o desceram pelo teto. A Graça atraiu crianças a si mesma em vez de mandá-las para longe, pois assim é o jeito da graça: crer que o reino é como receber uma criança pequena.

A Graça restaurou a dignidade a uma mulher pecadora, perdoou-a e enviou-a para escolher o contrário do pecado e contar aos outros sobre ele.

A Graça confrontou os líderes religiosos que achavam que eram justos. A Graça confrontou a horda de demônios que devastava almas atormentadas. A Graça acalmou a tempestade e proclamou paz ao vento e às ondas, e eles obedeceram.

A Graça falou, em meio às trevas, a um homem que queria nascer de novo, mas não tinha ideia de como fazer isso. A Graça chorou diante da tumba de seu amigo e, então, trouxe-o da morte para a vida.

A cada passo, a cada conversa, a cada cura, a Palavra que tornou-se carne estava nessa missão da graça, e ele não seria impedido pela tentação por parte do inimigo nem por um amigo que, equivocadamente, tentasse desviá-lo daquela missão.

Graça resoluta, decidida a cumprir as exigências da lei, a continuar seguindo, a continuar andando rumo ao destino inevitável, o lugar aonde a história estava levando — a Jerusalém, à morte.

Foi a inesperada graça de Deus que impeliu Jesus ao jardim. Graça suando gotas de sangue, pedindo, implorando, e então se entregando mais uma vez à rendição completa.

Graça presa.

Graça aprisionada.

Graça açoitada e cuspida.

Graça despedaçada, ensanguentada e ferida.

Graça com uma coroa de espinhos enterrada em sua cabeça.

Graça espancada e levada diante de juízes injustos.

Graça despida e condenada.

A pergunta levantada pelos céticos em relação a sua mensagem é por que Deus permitiria o sofrimento. Por que Deus permitiria o pecado? Essas não são as maiores perguntas. A pergunta de todas as eras é esta: por que Deus permitiria que a santa e justa Palavra de Deus sofresse e morresse? Por que Deus planejaria a morte horrenda do único que não a merecia?

Este é o plano oculto e incrível de Deus: erguer a graça com o propósito de dar vida. Aqui está o custo do pecado, a devastação que ele traz, o preço que deve ser pago e a resposta a nossa culpa, vergonha e morte.

> Porque Deus tanto amou o mundo que deu o seu Filho Unigênito, para que todo o que nele crer não pereça, mas tenha a vida eterna. Pois Deus enviou o seu Filho ao mundo, não para condenar o mundo, mas para que este fosse salvo por meio dele. Quem nele crê não é condenado, mas quem não crê já está condenado, por não crer no nome do Filho Unigênito de Deus.
>
> João 3.16-18

A Graça carregou a cruz tosca e subiu o monte Caveira.

A Graça deu boas-vindas aos pregos do soldado.

A Graça foi levantada e aceitou a derradeira punição que não veio de nenhum líder ou governador humano ou seita religiosa, mas do próprio Deus. Na cruz, Deus derramou sua ira, e Jesus bebeu o cálice amargo por você e por mim.

Jesus não conheceu imperfeição, impureza, nenhum pensamento ou ação pecaminosos. Nunca agiu buscando os próprios interesses. Esse homem perfeito que não tinha pecado *tornou-se* pecado por nós de modo que pudéssemos nos tornar justos aos olhos de Deus.

Veja a Graça lutando para respirar, empurrando-se para cima para colocar um pouco de ar em seus pulmões. Graça sangrando por enormes feridas. Graça clamando a seu Pai, experimentando o julgamento. Graça, emoldurada por nuvens iradas, com a cabeça pendente, dizendo "tenho sede".

Mesmo em agonia, à beira da morte, a Graça se estende.

Jesus disse: "Pai, perdoa-lhes, pois não sabem o que estão fazendo" (Lc 23.34).

A incorporação da Graça — Jesus, o Messias, o Rei dos reis — humilhou a si mesma e abriu mão daquilo que lhe pertencia por direito para morrer numa cruz.

A Graça transformou-se em nada. A Graça tornou-se escrava. A Graça esvaziou-se de tudo, exceto de amor, e derramou-se como uma oferta.

A graça de Deus estendida a Abraão, Tamar, José, Raabe, Davi, Bate-Seba, Salomão e todo ser humano que já viveu, essa graça de Deus está pronta para invadir, perdoar e trabalhar. Essa é a única maneira de se ter um relacionamento com Deus. Esse foi seu plano para nossa redenção. Escolher outro caminho ou fazer adições a ele é menosprezar o perfeito sacrifício de Deus.

O efeito dessa graça é que você será compelido não a agradar a Deus com uma vida santa, mas a permitir que a vida santa de Jesus viva em e através de você. Você não precisa compreender o que puder da vida, mas, com mãos abertas, você pode dar e, com braços abertos, receber aqueles que precisam de graça.

Quando recebe essa graça, quando vive em sua realidade, você a estende por meio de um coração reconciliado e perdoado. E você se torna um agente da graça, não repelido por pecadores, mas recebendo-os bem nessa tarefa reconciliadora que você recebeu. Você é um embaixador da Graça, compelido por essa compaixão extravagante e extraordinária.

Você não somente se torna um enviado celestial, mas também participa do grande plano, a história que começou antes de o mundo ser criado, a razão de essa graça ser estendida.

> Por isso Deus o exaltou à mais alta posição e lhe deu o nome que está acima de todo nome, para que ao nome de Jesus se dobre todo joelho, nos céus, na terra e debaixo da terra, e toda língua confesse que Jesus Cristo é o Senhor, para a glória de Deus Pai.
>
> Filipenses 2.9-11

Quando recebe essa graça, vive em sua luz e a estende a outros, você participa no ato de dar glória a Deus Pai.

SE TUDO ISSO é verdade, se esse amor extravagante foi derramado sobre nós, por que os seguidores de Jesus às vezes deixam a desejar? Por que nossa vida é caracterizada por julgamento, ira, vingança, apontamento dos erros dos outros e falta de perdão? Por que somos tão diferentes de Jesus?

Quando você é agraciado, estende essa graça. Quando seus pecados são grandes e eles são perdoados, você deseja perdoar aqueles que fizeram mal a você. Como Jesus disse a Simão, quando a mulher "pecadora" usou suas lágrimas para molhar os pés de Jesus e ungiu-o com perfume, "aquele a quem pouco foi perdoado, pouco ama" (Lc 7.47).

Nosso problema — nós, seguidores de Jesus que ficam irados e irritados com "pecadores" — é que vemos a nós mesmos como pessoas "a quem pouco foi perdoado". Não nos vemos como pessoas repletas de faltas. Esquecemo-nos de quão sem esperança estamos, de quanto precisamos dessa graça. Nunca diríamos isto, mas nossa crença é de que estamos um pouco sujos aqui e ali; tivemos problemas, mas uma simples espanada de perdão e um borrifo de sangue serão suficientes. Aquelas pessoas ali, aquelas que são realmente más, elas precisam de um banho. Elas são *realmente* pecadoras. Assassinos, adúlteros, idólatras e similares. Nós, tais como os líderes religiosos dos tempos de Jesus, não vemos quão necessitados realmente somos.

A verdade nos leva à graça. Quando percebemos nosso desespero e nossa falta de virtude, a graça nos ajuda a vermos a nós mesmos e a outros sob uma nova luz. Cremos na verdade sobre o evangelho, que o próprio Deus lidou com o pecado de maneira total e irrevogável sobre a cruz. Portanto, podemos ser perdoados. Podemos nos colocar perante Deus por causa de seu sacrifício perfeito. Recebemos perdão e o estendemos aos outros.

Agora, conforme nos movemos na direção de um mundo cheio de pecadores, tanto crentes quanto descrentes, é essa tensão entre verdade e graça que nos aponta na direção de um amor amplo e abrangente que nunca vê a verdade ou uma verdade totalmente condenadora que nunca comunica amor. Se estivermos fora de equilíbrio aqui, aqueles que estão ao nosso redor experimentarão ou o julgamento ou um amor sentimentaloide que parece bom, mas que não gera nenhum efeito.

Pense nisso da seguinte maneira: quando o profeta Natã confrontou Davi com a história da cordeirinha morta pelo proprietário rico, vemos a verdade envolvida em graça. A história tocou cada pedaço do coração de Davi. Quando viu *a si mesmo* na história, aquilo o atingiu ainda mais profundamente do que se lhe fosse dito apenas que ele era um pecador. Esse é o poder de uma boa história. Esse é o poderoso amor de Deus mesclado com a verdade de nosso pecado e envolvido em graça.

A graça é o amor em ação. A graça de Deus foi incorporada em Jesus enquanto ele viveu uma vida sem pecado e morreu no seu lugar e no meu. Agora, Jesus nos chama para morrermos para nós mesmos e sairmos na direção de um mundo que necessita enormemente desse tipo de amor. A inesperada graça de Deus é amor divino em ação em direção a você, de modo que você possa dar esse tipo de amor aos outros.

Essa graça em nossa vida é um processo. É uma nova percepção a cada dia de quanto precisamos dela e de quanto os outros também precisam. A graça não é apressada. Não é precipitada nem estressada. Você simplesmente descansa nela. E, enquanto descansa, a paz de Deus fluirá através da sua vida.

Perceba a quantidade de tempo que Deus está disposto a investir nesse plano que foi moldado desde a eternidade. Você está disposto a deixar que a graça trabalhe em você dessa maneira? Está disposto a investir esse tipo de graça na vida daqueles a quem você ama? Se você está forçando as pessoas a mudar, isso não é graça. A graça exige que você absorva a dor.

Algum tempo atrás, visitei uma prisão no estado norte-americano da Louisiana. Era conhecida como a pior prisão de todo o estado. Os homens encarcerados ali cumprem pena de prisão perpétua. Havia mais assassinos e criminosos sexuais dentro daquela prisão do que em qualquer outra no estado — até que um diretor cristão apareceu e começou a falar de Jesus. Um a um, aqueles homens começaram a se tornar seguidores de Cristo.

Quando cheguei ali, metade da população carcerária de cinco mil internos era cristã. Havia quatro igrejas do lado de dentro do arame farpado. Capelas construídas por pessoas cristãs. E os pastores dessas quatro igrejas eram internos. Os que lideravam a música, os que cantavam nas igrejas, eram todos condenados. Saíam por toda aquela comunidade para compartilhar as boas-novas de Jesus. A cada domingo, aquelas capelas ficavam cheias.

O Seminário de New Orleans mantém classes ali para os homens que querem ser pastores e aprender como trabalhar e caminhar com Deus. E eu pensei: "Que troféu da graça de Deus!".

Você poderia pensar que entrar numa cadeia para cumprir prisão perpétua seria o fim da estrada. Mas não para aqueles homens. Quando eles compreenderam a verdade sobre si mesmos e receberam perdão, a graça de Deus penetrou e começou a transformá-los. Eles começaram a caminhar sob a luz daquela graça. E o que aconteceu? Eles a deram a outros.

Entregaram sua vida a Cristo e agora espalham a mensagem de reconciliação numa comunidade de cinco mil pessoas.

Eles nunca sairão daquela prisão. Aqueles homens estarão ali até o fim da vida. Mas está tudo bem, pois Deus não prometeu que eliminaria as consequências de nossas ações; ele prometeu nos perdoar e nos dar sua inculpabilidade. Eles estão ganhando pessoas para Cristo. E, quando pessoas como eu vêm de fora, devem levar a história da graça de Deus para fora e contar a outras pessoas que, seja o que for que você tenha feito, seja o que for que tenha acontecido em seu passado, você não está além do perdão de Deus. Você não está fora do alcance da graça de Deus. Deus tem um plano e quer usar você onde você estiver.

Eles estão na prisão até o fim da vida. Mas Jesus Cristo lhes deu vida abundante.

Essa é a inesperada graça de Deus.

VOCÊ JÁ VIU A DIFERENÇA que a graça fará em sua vida. Já recebeu essa graça? É aqui que ela começa. "Javé salvará" é o significado do nome *Yeshua*, o homem a quem chamamos Jesus. Receber a graça não tem a ver com ir à igreja ou fazer coisas boas; ela não chega a você porque seus pais eram cristãos. É uma escolha que você faz. Deus fez a parte dele. Ele pagou a sua dívida. E a graça dele está chamando você. Ele está pronto, está disposto e é capaz de perdoar por causa do sacrifício perfeito de Jesus.

Clame a ele. Confesse a ele o seu pecado. Diga-lhe que você crê na verdade em relação a si mesmo, que não há maneira de você conquistar o favor dele. Então, pela fé, receba o presente da graça que ele está oferecendo.

"Sei que descumpri a tua lei, mas te agradeço porque Cristo pagou a minha pena. Quero fazer parte da tua família. Quero ser perdoado. Quero viver minha vida contigo."

É onde tudo começa, e, se você nunca fez isso, clame a Deus, e ele responderá.

Segundo, se você já crê em Jesus e o segue, acredita naquilo que Deus disse sobre você? Ou você acha que seu passado o impede de viver a vida plena de Deus? Você não poderia ter feito nada pior do que as pessoas cuja vida estudamos. São pecadores de primeira linha, mas por causa da sua graça Deus os trouxe para sua família e entregou-lhes seu amor. Você acredita nisso? Então viva à luz dessa verdade hoje.

Terceiro, um desafio para você. Você já deixou Satanás usar seu passado para impedi-lo de seguir Deus? Essa é uma de suas táticas. Ele dirá: "Deus nunca usará você. Veja só o que você fez". Ele condena. Ele é chamado de o Grande Acusador. Ele quer que você viva debaixo da culpa por aquilo que você fez. Não dê ouvidos a essa voz. Se você confessou seu pecado a Deus e voltou-se para ele, Deus o perdoou e não vê o seu pecado quando olha para você. Ele o vê limpo porque você foi até ele e deixou que ele perdoasse seu pecado. Não permita que Satanás use isso contra você. Creia no que Deus diz.

Finalmente, se você já recebeu a graça de Deus, como a está estendendo a outros? As pessoas de seu convívio o elogiam pela graça que você concede, o perdão que você oferece? Os outros sentem vir amor ou condenação de você? Eles o caracterizariam como uma pessoa irada ou amarga? Se você enfrenta dificuldades para estender a graça, deixe que a verdade da Palavra de Deus se derrame sobre você. Através deste livro, você foi lembrado daquilo que recebeu em Cristo, a justiça que pode vir apenas dele. E que ele o ama não por quão bom você tem sido ou será. Não saia correndo agora para fazer uma lista de todas as pessoas às quais você precisa estender graça. Não tente forçar a vontade de estendê-la. Em vez disso, aceite o amor que Deus demonstrou a você, louve-o por seu perdão e sua misericórdia, agradeça-lhe por sua longanimidade. Quando você verdadeiramente aceitar essa maravilhosa graça de Deus e permitir que ela o abrace, as pessoas que estão ao seu redor sentirão a diferença em sua atitude e em suas ações em relação a elas.

UMA ORAÇÃO

Ó Deus de Abraão, de Isaque e de Jacó, ó Deus de toda consolação, sabedoria e misericórdia, capacita-me agora a aceitar a graça. Tu a derramaste sobre meu coração. Abre meus olhos de novo para o admirável amor que me ofereceste em Cristo. Ajuda-me a ter um vislumbre da tua santidade, de modo que eu possa ver a profundidade do meu pecado e me arrepender. Tal como Abraão, ajuda-me a ouvir o teu chamado e crer. Derruba as paredes do meu coração, do meu orgulho e da minha autossuficiência, e mostra-me como tu satisfazes a minha maior necessidade. Liberta-me dos meus esforços de controlar e de tentar livrar-me das coisas que me ensinas através da dor em minha vida. Tal como Davi, dá-me um coração contrito e quebrantado que te busca acima de qualquer outra coisa.

Creio, Senhor, que tu tens o poder de perdoar e de me restaurar, não importando o que eu tenha feito no passado. Dá-me sabedoria para caminhar adiante e seguir-te de perto. Ajuda-me a ver meu passado da maneira que tu o vês. Ajuda-me a aproveitar ao máximo cada oportunidade, cada relacionamento, cada decisão que tomo. Não quero perder nada que tua graça tenha para mim. Ajuda-me agora a receber o amor que tu me ofereces, a caminhar sob a luz desse amor, desse perdão e dessa aceitação, e capacita-me a espalhar esse mesmo amor às pessoas de meu convívio que precisam desesperadamente dele. Faze-me mais semelhante ao teu Filho, ó Deus, para o meu bem, para o bem do teu reino e para a tua glória.

Oro assim com um coração agradecido por tua graça.

Em nome de Jesus. Amém.

ESTUDO SOBRE A

INESPERADA GRAÇA

Capítulo 1

Ouvindo o chamado da graça — Abrão

Para reflexão: Se você pudesse ouvir Deus falar audivelmente a você neste momento como ele fez com Abraão, o que gostaria de ouvir? Que pergunta você gostaria que ele respondesse?

Leia Gênesis 11.26—12.9.

1. Com a informação que você tem sobre Abrão antes de Deus falar, quão difícil você acha que teria sido obedecer às instruções de Deus?
2. Como você se identifica com essa situação em sua vida? Houve alguma vez em que você sabia o que Deus queria que você fizesse, mas achou difícil segui-lo?
3. Quais coisas específicas Deus promete a Abrão em Gênesis 12.1-3?
4. Lemos em Gênesis 12.7-9 que a jornada de Abrão ao Neguebe progrediu em estágios. O que isso significa para você hoje em relação a sua jornada?
5. Volte à pergunta "Para reflexão" no início deste estudo. Sua perspectiva mudou depois de ver a resposta de Abrão e as promessas de Deus? Em caso afirmativo, de que maneira isso aconteceu?
6. A vida de Abrão é o modelo para o crente em Jesus da atualidade. Ele ouviu o chamado da graça. Ele creu em Deus. Ele respondeu àquele chamado obedecendo,

agindo de acordo com o chamado. Como você ouviu o chamado da graça e como respondeu?

Capítulo 2

RINDO POR CAUSA DA GRAÇA — ABRAÃO

PARA REFLEXÃO: Você já passou pela experiência de começar de novo? Descreva esse momento de sua vida e as perguntas e os sentimentos que você enfrentou.

1. Em Gênesis 18, vemos que Deus se encontra com Abraão junto aos carvalhos de Manre. Qual é o significado de Deus encontrar-se com ele junto a uma árvore? Que outras "árvores" vemos nas Escrituras e por que você acha que esse é um lugar significativo?

2. Anteriormente, o pânico de Abraão foi despertado pelos egípcios. O que lhe provoca pânico e como isso acontece?

3. De que maneira você se sente confortado ao saber que Deus disse a Abraão "não tema"? Você acha que Deus quer atender à sua mais profunda necessidade através da graça dele?

4. Você já tentou manipular as circunstâncias? Já tentou ajudar Deus a permanecer dentro do cronograma que você estabeleceu? Esse esforço atrapalhou a obra da graça de Deus em sua vida?

O medo leva ao pecado. A graça de Deus leva à bênção. O medo provoca dor e sofrimento. A graça gera riso.

1. Leia João 8.31-59. Os que conversavam com Jesus falavam sobre Abraão. De que maneira Jesus usou a vida de Abraão para apresentar a verdade sobre si mesmo? Como Jesus se comparou a Abraão?
2. Aparentemente, na melhor das hipóteses, essa se parece com uma discussão acalorada, mas de que maneira Jesus está amando essas pessoas que não creem nele? (Ele poderia não ter se envolvido de modo algum com elas.)
3. Passe algum tempo identificando os medos que você tem e as maneiras pelas quais você "exerce o controle". Confesse seu medo a Deus e entregue a ele o controle sobre essas áreas de sua vida.

Capítulo 3

O CAMINHO DA DESGRAÇA, OU LIÇÕES DE UMA PROSTITUTA — RAABE

PARA REFLEXÃO: Que "passado" você tem que o leva a identificar-se com Raabe? Há alguma coisa que você fez que o faz sentir-se desqualificado para ser amado por Deus?

Leia Josué 2.

1. Coloque-se no lugar de alguém que vive dentro de Jericó. O que estaria passando por sua mente e por quê?
2. Compare e contraste o medo que Raabe tinha com o medo de Abraão. Como cada um deles lidou com seu medo?
3. Raabe vivia uma vida imoral. Você fica surpreso por Deus tê-la poupado? Por quê?

4. Existe alguma Raabe na sua vida, alguém que você acha que jamais aceitaria Deus ou fosse candidata à graça de Deus? Com base nessa história, como você pode efetivamente comunicar o amor de Deus a essa pessoa?

5. Qual era a mais profunda necessidade de Raabe e como Deus satisfez essa necessidade?

6. De que maneira os que estavam ao redor de Raabe foram afetados pela graça que ela recebeu?

7. Por que você acha que a história de Raabe foi preservada para que a lêssemos hoje?

8. Os muros de Jericó caíram, mas o que é ainda mais miraculoso é que os muros do nosso coração podem cair, e podemos permitir que a graça de Deus perdoe e limpe. Você já experimentou isso? Passe algum tempo agradecendo a Deus por sua inesperada graça.

Capítulo 4

GRAÇA QUE TRAPACEIA — TAMAR

PARA REFLEXÃO: A vingança é um tema comum em filmes e na ficção. Como você tem combatido a vingança em sua vida? Você sentiu vontade de se vingar de alguém recentemente? Há alguma pessoa que esteja longe demais de Deus para mudar?

Leia Gênesis 38.

1. O que você acha que passou pela mente de Tamar ao ver Deus eliminar seu primeiro e seu segundo maridos?

2. Coloque-se no lugar dela, naquele casamento arranjado, naquela família influente. Como você teria lidado com a situação?
3. Depois de Onã ter morrido e de Tamar ter entrado no período de luto, o que você acha que estava se passando no coração dela?
4. Alguém já lhe prometeu alguma coisa que não cumpriu? Como isso afetou você e a outra pessoa?
5. Ao descobrir que Tamar estava grávida, Judá logo se dispôs a fazer um julgamento. Mas o planejamento e a astúcia de Tamar impediram isso. O que aprendemos do reconhecimento de Judá em Gênesis 38.26?
6. Qual era o anseio mais profundo do coração de Tamar?
7. Qual é o anseio mais profundo do seu coração e como você acha que Deus quer ajudá-lo nesse aspecto?

Capítulo 5

A APLICAÇÃO DA GRAÇA, OU NÃO TERÍAMOS O SALMO 51 SEM ESSA HISTÓRIA — DAVI

PARA REFLEXÃO: Você já se surpreendeu com a queda de um cristão respeitável? Como isso afetou seu relacionamento com a pessoa e a sua visão de Deus?

Leia 2Samuel 11.

1. Identifique as razões subjacentes para a imoralidade de Davi com Bate-Seba. Descreva até onde ele foi para tentar encobrir o ato.

2. Leia o relato da visita de Natã a Davi. Por que você acha que Deus enviou o profeta?
3. Apresente três razões pelas quais você acha que Deus usou uma história para condenar Davi.
4. Você já foi convencido de algum pecado através de meios não convencionais?
5. Leia o salmo 51. Como é possível afirmar que Davi não é simplesmente um homem que sente muito por ter sido pego, mas sim um homem cheio de arrependimento?
6. Você acha que Davi sentiu o perdão de Deus em sua vida? Por quê?
7. A história de Davi não termina com seus fracassos. Ele não foi desqualificado da vida. Sim, há sérias consequências, mas Deus mostra seu amor e compaixão ao perdoar Davi. Você já experimentou esse tipo de tristeza e misericórdia?

Capítulo 6

Perseguida pelo desejo, alcançada pela graça — Bate-Seba

Para reflexão: Há alguma coisa que você fez ou deixou de fazer pela qual sente que Deus o está punindo? Quais são as similaridades da história de Bate-Seba com as questões atuais da imoralidade sexual?

Leia 2Samuel 12.15-24.

1. A morte de uma criança parte corações e pode destruir relacionamentos. Nesse relato da perda de um filho, vemos apenas a perspectiva de Davi. O que você acha que Bate-Seba estava sentindo?
2. Compare e contraste o caso com Bate-Seba, o primeiro encontro, com o que aconteceu nesse ponto do relacionamento deles.
3. Se "a graça é uma escolha", de que maneira essa história de Davi e Bate-Seba demonstra essa verdade?
4. Se você pediu a Deus que o perdoasse por um erro que cometeu no passado, mas ainda sente que Deus está irado com você, será que você realmente se permitiu receber a graça?
5. Cite algumas das maneiras pelas quais você pode ser capaz de seguir para o próximo passo em seu relacionamento com Deus e receber sua misericórdia.

Capítulo 7

A RESPOSTA À MAIOR PERGUNTA — SALOMÃO

PARA REFLEXÃO: O que lhe vem à mente no exato momento em que lê esta pergunta: Se Deus lhe dissesse "peça-me o que quiser, e eu lhe darei", como você responderia?

Leia 1Reis 3.5-9.

1. Examine a resposta de Salomão à pergunta de Deus. O que Salomão afirmou e o que ele pediu?
2. Como Deus respondeu a Salomão em 1Reis 3.10-15?

3. Por que você acha que Deus foi tão generoso com Salomão?

4. Você acha que Deus quer ser generoso com você, ou sua bênção é destinada apenas a algumas pessoas?

5. Olhando para sua vida como um todo, Salomão cometeu muitos erros. Tal como seu pai, seu coração se desviou. Apesar disso, Deus concedeu graça. O que isso diz a você sobre a graça disponível à sua vida?

6. De que maneira Deus mudou os desejos do seu coração com o passar do tempo? Compare a maneira como você teria respondido à primeira pergunta desse estudo no início da sua vida com a maneira como você a responderia agora.

Capítulo 8

Ele quase não viu a graça numa manjedoura — José

Para reflexão: Você já tomou uma decisão, grande ou pequena, em razão da qual quase perdeu algo realmente bom? Ou já tomou uma decisão e escolheu um caminho que o afastou de algo bom?

Leia Mateus 1.18-25.

1. José havia decidido o que iria fazer naquela situação. Por que você acha que Deus fez aquelas coisas extraordinárias para mudar a cabeça dele?

2. Como você acha que as ações de José em relação a Maria afetaram Jesus? Como você acha que o fato de ouvir

essa história contada mais tarde influenciou Jesus?

3. Como José respondeu a Deus? Você vê algum paralelo entre a maneira como José agiu e as reações das outras pessoas que estudamos?
4. "A graça não tem a ver com convencer outros a crerem." Você concorda com essa declaração? Como isso influencia a maneira como você interage com outras pessoas em relação a coisas espirituais?
5. O sinal revelador de que a graça invadiu sua vida é o desejo de concedê-la a outros. Você já viu esse tipo de graça trabalhando em você?
6. Você já teve a chance de "dar uma dura" em alguém e se conteve? Qual foi o sentimento de absorver a dor infligida em vez de retribuir?
7. Se Jesus foi a graça enviada, de que maneira Deus poderia querer enviar a graça dele através de você?

Capítulo 9

GRAÇA QUE TORNOU-SE CARNE — JESUS

PARA REFLEXÃO: Se um estranho olhasse para sua vida e julgasse todos os cristãos pela graça que você concede, o que ele observaria? Dê exemplos específicos, tanto positivos quanto negativos.

1. Em João 1, lemos que Jesus era a Palavra que tornou-se carne. Jesus foi a comunicação perfeita de Deus para um

mundo necessitado. O que significa para você a ideia de que ele foi a "graça que tornou-se carne"?

2. Leia João 3.1-21. Enquanto lê, concentre-se no tema da graça de Deus.

3. De que maneira essa passagem detalha a inesperada graça de Deus?

4. Por que você acha que os cristãos podem viver com tão pouca graça para dar aos outros?

5. Leia a oração final nas páginas 132-133. Como você vê os personagens que estudamos refletidos nessa oração?

6. Você adicionaria alguma coisa a essa oração?

7. Faça essa oração lentamente, de coração, enfatizando as partes que sejam mais significativas para você hoje.

NOTAS

1 Leia o relato desta parte da vida de Abrão em Gênesis 11.26—12.9.

2 As histórias de Abraão relatadas neste capítulo podem ser encontradas em Gênesis 12.10-20; 15—16; 18.1-15.

3 Para saber mais sobre Raabe, leia Josué 2-6.

4 *Macbeth*, ed. Philip Weller, Shakespeare Navigators, 5.1.50–52. Disponível em: <www.shakespeare-navigators.com/macbeth/T51.html>.

5 A história de Tamar é encontrada em Gênesis 38.

6 Você poderá ler mais sobre o pecado e o arrependimento de Davi em 2Samuel 11.1—12.15 e Salmos 51.

7 Leia mais sobre Bate-Seba em 2Samuel 12.15-25.

8 A narrativa do episódio em que Salomão pede sabedoria a Deus se encontra em 1Reis 3.1-15.

9 Mais detalhes sobre a vida de José e o nascimento de Jesus podem ser encontrados em Mateus 1.18-25.

10 INGRAM, Chip. *Living on the Edge*: Notes & Reflections, "How to Experience Authentic Community", p. 1. Disponível em: <r12online.livingontheedge.org/pdf/r12_session4.pdf>.

11 Para saber mais sobre o propósito de Deus em enviar Jesus, leia João 1.1-18; 3.1-21.

Conheça outras obras de

Gary Chapman

- *A Bíblia devocional do casal — As linguagens do amor*
- *A essência das cinco linguagens do amor*
- *A família que você sempre quis*
- *Acontece a cada primavera*
- *Amor e lucro*
- *Amor é um verbo*
- *As cinco linguagens da valorização pessoal no ambiente de trabalho*
- *As cinco linguagens do amor*
- *As cinco linguagens do amor das crianças*
- *As cinco linguagens do amor de Deus*
- *As cinco linguagens do amor dos adolescentes*
- *As cinco linguagens do amor para homens*
- *As cinco linguagens do amor para solteiros*
- *As cinco linguagens do perdão*
- *As quatro estações do casamento*
- *Brisa de verão*
- *Castelo de cartas*
- *Como lidar com a sogra*
- *Como mudar o que mais irrita no casamento*
- *Como reinventar o casamento quando os filhos nascem*
- *Fazer amor*
- *Incertezas de outono*
- *Linguagens de amor*
- *O casamento que você sempre quis*
- *O que não me contaram sobre casamento*
- *Promessas de Deus para abençoar seu casamento*
- *Zero a zero*

Compartilhe suas impressões de leitura escrevendo para:
opiniao-do-leitor@mundocristao.com.br
Acesse nosso *site*: www.mundocristao.com.br

Projeto gráfico: Sonia Peticov
Diagramação: Triall Composição Editorial Ltda.
Preparação: Patrícia Almeida
Revisão: Josemar de Souza Pinto
Gráfica: Imprensa da Fé
Fonte: Palatino-Roman
Papel: Lux cream 70 g/m² (miolo)
Cartão 250 g/m² (capa)